utb 5683

Eine Arbeitsgemeinschaft der Verlage

Böhlau Verlag · Wien · Köln · Weimar
Verlag Barbara Budrich · Opladen · Toronto
facultas · Wien
Wilhelm Fink · Paderborn
Narr Francke Attempto Verlag / expert verlag · Tübingen
Haupt Verlag · Bern
Verlag Julius Klinkhardt · Bad Heilbrunn
Mohr Siebeck · Tübingen
Ernst Reinhardt Verlag · München
Ferdinand Schöningh · Paderborn
transcript Verlag · Bielefeld
Eugen Ulmer Verlag · Stuttgart
UVK Verlag · München
Vandenhoeck & Ruprecht · Göttingen
Waxmann · Münster · New York
wbv Publikation · Bielefeld
Wochenschau Verlag · Frankfurt am Main

Dr. Martin Kramer

unterricht als kunstwerk

Warum Maschinen nicht unterrichten können

wbv Publikation

Online-Zusatzmaterialien zum Buch finden Sie unter
http://www.utb-shop.de/9783825256838

Gesamtherstellung:
wbv Media, Bielefeld
wbv.de

Einbandgestaltung:
Atelier Reichert, Stuttgart

Illustrationen: Martin Kramer

Bestellnummer: utb 5683

ISBN (Print): 978-3-8252-5683-8
utb-e-ISBN: 978-3-8385-5683-3

Online-Angebote oder elektronische
Ausgaben sind erhältlich unter
www.utb-shop.de

Printed in Germany

Bibliografische Information der Deutschen Nationalbibliothek
Die Deutsche Nationalbibliothek verzeichnet diese Publikation in der Deutschen Nationalbibliografie; detaillierte bibliografische Daten sind im Internet über http://dnb.d-nb.de abrufbar.

Dr. Martin Kramer

unterricht als kunstwerk

Warum Maschinen nicht unterrichten können

Dr. phil. Martin Kramer ist Vater, Theaterpädagoge (Bundesverband Theaterpädagogik) und hat eine Zusatzausbildung in Kommunikationspsychologie (Schulz von Thun Institut). Von 2012 bis 2018 war er Leiter der Abteilung für Didaktik der Mathematik an der Universität Freiburg (Robert-Boyle-Preis 2015). Aktuell unterrichtet er an einem Gymnasium in Tübingen. Grundlegend ist seine systemisch-konstruktivistische Auffassung von Unterricht. Fortbildungen und weitere Informationen unter www.unterricht-als-abenteuer.de.

Um dieses Buch schreiben zu können, hat Martin Kramer von 2018 bis 2019 an der Freien Kunstakademie in Nürtingen (FKN) Kunst studiert. Die abgebildeten Zeichnungen und Gemälde sind in dieser Zeit entstanden, die Skizzen in „Klick oder Konstruktion“ ca. ein Jahr später.

Für Reinhard Manner
und dessen offene Weite.

Dank

Besonderer Dank an meine Mal- und Zeichenlehrer

Tesfaye Urgessa,
Thomas Putze,
Thomas Heger und
Frido Hohberger.

Ihre Unterschiedlichkeit ist und war mir eine große Hilfe.
Weiter danke ich Luisa Allgaier für das mehrmalige Lesen,
Jim Kramer für seine künstlerische Kritik, und Wolfgang Endres.

Inhaltsverzeichnis

Geleitworte

Krug-Gedanken

Gedanken zum Zeichnen und Malen.

Schaue ich einen Krug direkt von oben an, sehe ich in ein dunkles Loch.
Schaue ich von unten drauf, sehe ich eine runde Scheibe.
Schaue ich von vorn, sehe ich den Griff nicht.
Schaue ich aus der Richtung des Griffes, ist der Griff nicht zu verstehen.
Wenn ich von der Seite schaue, sehe ich das Profil des Kruges und habe eine gewisse Vorstellung von dem Krug.
Frage ich nach dem Nutzen, muss ich alle Bilder verkoppeln.
Habe ich den Krug irgendwann verstanden, will ich einen neuen erfinden!

Prof. Thomas Heger

„Der Schüler ist keine Kaffeemaschine"

This is probably the most interesting book you can read if you are concerned about the educational system that we have nowadays in most countries around the world. Even though Martin has aimed mainly at the key members of schools, such as teachers, directors and curriculum planners, anyone can benefit greatly from understanding what learning and teaching can be beyond the traditional perception of transferring data from teacher to student.

Perhaps it is also unique in its nature and form as it merges art, Zen and school in order to explain that school is neither separate from life nor a synonym for "future career or job." Learning is, Martin says, like a breath. Inhale and exhale. A lifelong process of lifelong progress.

In this book, he brings forth a pleasant concept: that learning is a course of relationship and deep connection rather than input and output devices. Why? Because "a student is not a coffee machine." Learning, as well as teaching, is all about intensity, integrity, progress, experience, and awareness rather than speed, control, output or product. It is a lot more than merely getting a job or building a career. It is about expanding one's consciousness.

As a matter of fact, even today most schools are not a pleasant place for many students. Most students don't like to go to school. It is not their fault if they don't understand that they might never get a good job after 10 or so years. Actually, most school systems kill the natural curiosity that children have, that desire to know almost everything. Here Martin asks a very important question: Is the material being taught important in the eyes of the children? Is there any sense to the notion that they should understand a specific lesson? If not, learning will never happen. Simply, the reason is that learning happens from the inside, from within. There needs to be a willingness to learn. Unfortunately, as Martin explains, instead of engaging with a student's reality, schools apply pressure to solve issues, beginning with talking to the student, progressing to punishments and culminating in expelling the student from school.

During his two semesters studying art at the Freie Kunstakademie Nürtingen, Martin was very much interested not only in the subject matter being discussed but was also quite fascinated by how different our approaches to the same subject matter were, without one being in competition with the other. As a lecturer during those two semesters, I had many delightful conversations with him, although I didn't know why he was so curious about the approaches. Now I know and he has put it in this book beautifully. I am grateful that he dedicated himself to piecing it all together in this book so harmoniously. All the best, Martin!

Tesfaye Urgessa

Ich zeichne, also bin ich

Künstlerisch geprägte Paradigmen, wie sie der Autor Dr. Martin Kramer beim Lernen des Zeichnens an Leib und Seele erfahren hat, bieten eine große Chance, im Alltag Unterricht human zu gestalten. Die engagiert vorgetragenen Thesen zur Veränderung eines Schullebens, das immer mehr durch instrumentelle und ökonomische Absichten geprägt wird, eröffnen neue Spielräume für kommunikativ-ästhetisches und damit soziales Handeln. Das Zeichnen als Kulturtechnik fördert Wahrnehmung, Aufmerksamkeit, Konzentration. Das Zeigen einer selbstangefertigten Zeichnung erfordert Mut und stärkt das Selbstbewusstsein, fördert die Freude an sich selbst, aber auch die Fähigkeit, Kritik anzunehmen und sich selbst relativieren zu können. *Ich zeichne, also bin ich.*

Frido Hohberger, Universitätszeichenlehrer a.D.

Zum Buch

Eine unübliche Betrachtung

Unterricht lässt sich unterschiedlich betrachten. Sehr wahrscheinlich gibt es so viele Ansichten und Meinungen über Unterricht, wie es Menschen gibt, die eine Schule besuchten. Manche beschreiben Unterricht als ein Handwerk, andere als eine Form der Kommunikation, wiederum andere als eine Sache gelungener Planung. Im Duden wird Unterricht als eine „planmäßige, regelmäßige Unterweisung Lernender durch eine[n] Lehrende[n]" beschrieben.

Dieses Buch geht davon aus, dass Unterrichten eine Kunst ist. Das ist eine unübliche Betrachtung. Unterricht als Kunstwerk! Dieser Ansatz ist sehr ernst gemeint. Kunst ist ein wesentlicher Teil von dem, was uns zum Menschen macht. Sie ist so alt wie die Menschheit selbst.

Ästhetik und Bildung

Unterrichten ist die Kunst, Lernumgebungen zu gestalten. Bildung und Ästhetik stehen in enger Beziehung zueinander, sie sind miteinander verwoben. Schönheit begünstigt die Beziehung zur Sache.

Der Gedankengang ist einfach: Um zu begreifen, müssen wir begreifen – und wir „begreifen" das gerne, was uns ästhetisch wertvoll erscheint. Auf diese Weise gehört Bildung und Ästhetik unmittelbar zusammen. Es „bildet" sich das, was funktioniert und was als „schön" empfunden wird.

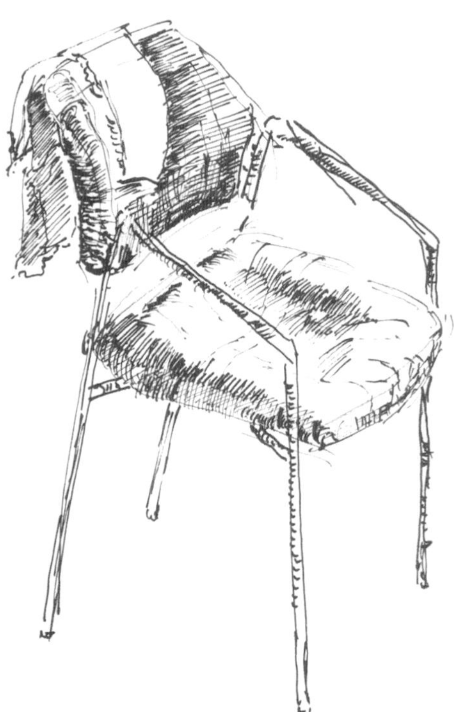

Aus diesem Grund habe ich über ein Jahr Kunst studiert. Mir ging es um den direkten Kontakt, das direkte Begreifen – also um Zeichnen und Malen. Wie teilt man eine Seite auf? Wie setzt man Kontraste? Was bewirkt Vollständigkeit? Was lässt sich daraus für den Unterricht ableiten?

Kunst erklärt Unterricht aus einer völlig neuen Sicht. Wer die Unterrichtsstunde als Kunstwerk betrachtet, dem eröffnen sich Möglichkeiten, die jenseits der Funktionalität stehen.

Inhalt

Die Texte in diesem Buch setzen Impulse an Stellen, wo es nicht um technische Wissensvermittlung geht. Es geht um Haltung, Wachstum, Beziehung, Empathie und Begegnung. Es geht um die Frage, was für ein Lehrer ich gewesen sein möchte. Es geht um die Grundwerte von Bildung. Damit stellen die Texte etwas dar, was durch empirische Forschung schwer oder gar nicht dargestellt werden kann. Was wäre Bildung ohne Aufrichtigkeit, ohne Sehnsucht und Hingabe, ohne Ästhetik? Diese Begriffe lassen sich empirisch schwer in Zahlen und Daten darstellen und die Gefahr besteht, dass das, was nicht gesehen wird, verschwindet. Und dann würde etwas fehlen, was den Menschen zum Menschen macht.

Konstruktion der Reihenfolge

Die einzelnen Texte können weitgehend unabhängig voneinander gelesen werden, auch wenn es zwischen den Kapiteln viele Bezüge gibt; einige sind angegeben.

Das Schreiben zwingt den Autor in eine Reihenfolge. Entschieden habe ich mich für die Einteilung in drei Abschnitte: ANFANGEN, ERKENNEN und BEZIEHUNG. Sie können jedoch ebenso das Buch von hinten lesen oder mittendrin beginnen. Mit ANFANGEN ist kein technischer Start gemeint, etwa in dem Sinne einer Bedienungsanleitung, wo zuerst die Schraube A eingedreht und dann die Halterung B befestigt wird. ANFANGEN ist mehr als der Zeitpunkt Null, es ist eine Haltung des Beginnes, eine Haltung des Hier und Jetzt.

ANFANGEN

Über die Umrisslinie – Lernen als Kopie?

Nahezu jeder, der mit Zeichnen beginnt, versucht als Erstes, die Umrisslinie zu erfassen. Vielleicht deswegen, weil sich dort die Umgebung vom Gegenstand abgrenzt.

Aber es gibt keine Umrisslinie! Zumindest ist sie keine Eigenschaft des Gegenstandes. Sie ändert sich mit der Perspektive. Eine kleine Änderung der Blickrichtung „erzeugt" eine andere Umrisslinie. Dreht sich ein Modell, welches gezeichnet werden soll, nur um ein kleines bisschen, dann ist keine Linie mehr an dem Ort, wo sie zuvor war. Wer allerdings die Form begriffen hat, den stört die leise Bewegung des Modells nicht, ja, der bemerkt sie womöglich gar nicht – für den Neuling hingegen ist die Änderung der Perspektive ein fast unüberwindbares Hindernis.

Wer zeichnen lernen möchte, tut gut daran, sich nicht auf den Umriss zu konzentrieren. Es geht darum, die Form als Ganzes zu begreifen. Zeichnen ist nicht abzeichnen. Wenn ich gut zeichne, dann kann ich jemanden von der Seite zeichnen, obwohl ich ihn von vorn oder in Bewegung sehe. Anfänger verzweifeln oft daran, wenn sie Tiere zeichnen wollen: „Die bewegen sich die ganze Zeit!“ – Solange man versucht die Umrisslinie einzufangen und nicht die Form zu verstehen, wird es schwer mit dem Zeichnen. Ja, man kann auch ein Foto unter das Zeichenblatt schieben und abpausen – aber so bleibt man auf einer technischen Stufe stehen und erschafft nicht, sondern erstellt nur. Es ist der Unterschied zwischen Kunst und Kopie.

Echtes Verstehen verlangt Tiefe. Eine Kopie erfolgt über die Oberfläche und ist somit im wahrsten Sinne des Wortes oberflächlich. Verstehen von Form benötigt die dritte Dimension. Habe ich die Ausdehnung eines Körpers in allen Dimensionen begriffen, kann ich diesen prinzipiell von allen Seiten zeichnen.

Gewissermaßen ist das der Unterschied zwischen Nachahmung (= kopieren) und einer Haltung. Eine „Haltung" zu einer Sache lässt sich nicht kopieren, sie kann nicht von außen „eingetrichtert" oder übernommen werden. Echte Haltung wächst von innen heran, sie entwickelt sich in der Beziehung zu den Dingen. So kann der Anfänger Dinge zwar nachmachen, aber es wird nie dasselbe sein, wie wenn es der Meister tut.

Nehmen wir als Beispiel das Unterrichten. Ich kann versuchen eine Unterrichtsstunde, die ich auf einer Fortbildung oder bei einem Kollegen gesehen habe, nachzumachen. Aber wenn eine kleine Sache anders ist, beispielsweise der Raum anders gestaltet ist, ein Schüler etwas anderes sagt, die Klassenstärke eine andere ist, kurz: wenn die „Umrisslinie" nicht mehr dieselbe wie in der Vorlage ist – dann stehe ich vor dem Nichts. Wenn ich hingegen die Sache an sich verstanden habe, dann fällt es mir fast nicht auf, dass der Raum andere Abmessungen besitzt, oder dass mehr oder weniger Schüler in der Klasse sind.

So überleben Haltungen und Ideen aber nicht die konkrete Umsetzung, nicht die einzelne Handlung im Unterricht. In einem lebendigen Unterricht wird sich „die Umrisslinie", werden sich die einzelnen Interventionen stets der Situation anpassen. Ein lebendiger Unterricht kann nicht kopiert werden. Daher der Appell: Tiefer gehen! Versuchen die Form, den Charakter und das Wesentliche zu erfassen.

Vom Gegenstand zum Kunstwerk

„Man zeichnet oder malt nicht das, was man sieht, sondern das, was in seinem Kopf ist."

Tesfaye Urgessa, einer meiner Lehrer, der in seinen jungen Jahren bereits in den Uffizien in Florenz ausgestellt hat, meinte zu mir: *„Es ist nicht so, dass Du das, was vor Dir ist, das Stillleben, das Gesicht, den Akt, die Landschaft, direkt auf die Leinwand bringst. Viel wichtiger als das Zeichnen ist das Sehen."*

Als Lernende nehmen wir oft den Stift zur Hand und messen an dem abzubildenden Objekt Winkel und Längen: Man nimmt den Bleistift mit ausgestrecktem Arm und vergleicht in der Projektion, ob der Kopf, die Nase, das Bein zu kurz oder zu lang ist. Es ist eine große Hilfe, manche Körperteile verkürzen sich so sehr mit der Perspektive, dass selbst erfahrene Beobachter einer Täuschung unterliegen.

Tesfaye lehrt anders. Er ist der Meinung, dass man mit den Augen messen soll. Man soll den eigenen Augen vertrauen, sonst lernt man das Sehen nicht.

Wie immer hat alles zwei Seiten. Wir haben einen weiteren Lehrer in der Akademie, Professor Thomas Heger. Für ihn ist das Messen eine wichtige Technik, gerade für den Anfänger. Mit der Zeit, mit zunehmender Erfahrung, wird man weniger messen. Aber es ist ein guter Zugang, eine gute Orientierung.

Zwei Konzepte stehen diametral im Raum: Das eine misst Winkel und Längen, es versucht analytisch die Form zu verstehen. Daten werden erzeugt, um ein Kunstwerk abbilden zu können. Man misst das Original und überträgt das Gemessene dann aufs Papier. Ein Kopiervorgang. Es ist die Idee, das Gesehene auf die Leinwand zu bringen.

Für uns als westlich geprägte Menschen ist das Messen und das Erzeugen von Daten der „normale“, der „natürliche“ Weg. Wir gehen von „außen“ vor. „Form verstehen“ ist ebenfalls für Tesfaye das Ziel, aber sicherlich ist sein Weg ein anderer. Dieser beginnt von innen, er führt über das direkte Hinschauen, ohne externe Hilfsmittel. Für Tesfaye reicht der unmittelbare Blick, das Sehen. Er braucht nicht den Umweg, die Mittel des Messens. Er ist der Ansicht, dass das Messen schadet.

Zwei Wochen bevor er seine Kunstwerke in den Uffizien ausgestellt hat, konnten wir Studenten seine Werke in seinem Atelier betrachten. Ich stand lange vor einer Reihe von Selbstportraits, die ohne Spiegel gemalt wurden. Das zeigt seine Haltung vielleicht am deutlichsten: Ein Kunstwerk ist keine Abbildung vom Objekt. Wir Menschen schauen auf die Welt, wir versuchen zu erkennen und zeichnen und malen dann das, was in unserem Kopf ist. So malt er aus dem Kopf heraus, von innen heraus, Selbstbildnisse. Weiter kann man sich kaum von der Idee des Abbildens und der Kopie entfernen.

Wir Studierenden, unsere kleinen erwachenden künstlerischen „Ichs“, entwickeln uns in einem Spannungsraum, der durch zwei sich widersprechende Wirklichkeiten aufspannt wird: Innen und Außen. Beide Sichtweisen sind in sich stimmig und richtig, trotzdem stehen sie diametral zueinander!

Was mich mehr als die Widersprüchlichkeit beeindruckt, ist, wie der paradoxe Zustand gelebt wird: Sowohl Thomas als auch Tesfaye akzeptieren die Meinung des anderen, achten und schätzen sich gegenseitig, trotz ihrer klaren Standpunkte.

Inneres Lehrverständnis

„Kannst Du es vormachen?"
„Nein, das mache ich prinzipiell nicht. Sonst denkst Du vielleicht, dass das Vorgemachte ‚richtig' ist!"

Eine Antwort von Thomas Heger. Auf den ersten Blick eine seltsame Haltung. Es ist doch naheliegend, dass man dem Meister zuschauen möchte, ja, dass man ihm beim Zeichnen etwas abschauen und den einen oder anderen Trick entlocken möchte. Es scheint absurd, wenn der Professor nicht zeigt, wie es geht!

In den Vorlesungen über Didaktik wollten die Lehramtsstudenten eine „richtige" Stunde sehen. Aber wäre eine solche Schablone nicht eine Gefahr für Wissbegierige, die gerade dabei sind, sich selbst und ihren eigenen Stil zu entdecken – eine Vorlage, die es nachzumachen gilt? Ein Standard, der gesetzt wird und der dann als „richtig" gilt, noch mehr, plötzlich „richtig ist"? Dann wüsste jeder, wie er es machen soll oder wie er es zu machen hat! Wäre das keine gute Lehre?

Es gibt zwei Ideen zur Lehre. Die eine ist die vermeintlich schnellere: Der Lehrer zeichnet die unterrichtlichen Gegenstände so exakt wie möglich vor. Die Schüler sollen dann so genau wie möglich das Gesagte, Geschriebene, Vorgemachte nachzeichnen. Sie kopieren. Eine Kopie kann natürlich höchstens so gut wie das Original sein, und so wird das Werk des Lehrers zum Grenzwert. Niemals wird der Schüler an das Meisterstück ganz herankommen können. Alles, was unter seinen Händen entsteht, ist dazu verdammt, eine Kopie und nur eine Kopie zu sein – ein Abbild und keine Schöpfung. Man kann die *Mona Lisa* wieder und wieder abmalen. Aber dadurch entsteht keine Kunst, bestenfalls ein gutes Faksimile.

Diese Form des Unterrichtens ist der Versuch eines *äußeren Lehrverständnisses.* Wissen soll auf direktem Wege weitergegeben und möglichst originalgetreu ins Schülerhirn hineinkopiert werden. Folgerichtig soll der Tafelanschrieb so sauber, exakt und ordentlich wie nur möglich vorgezeichnet werden. Die Kopie im Schülerheft kann nicht besser sein als das, was der Lehrer an der Tafel gestaltet hat. Wenn der Lehrer kein Lineal verwendet, wird es der Schüler ebenfalls nicht tun! Und wenn ein Fehler aufgeschrieben wird, dann kopiert sich dieser ins Schülerheft und von dort ins Schülerhirn. Auch aus diesem Grund werden sogenannte fachliche Fehler in den Prüfungslehrproben hart bewertet.

Der Lernende kann in dieser Konzeptualisierung von Unterricht nie besser als sein Lehrer werden. All sein Tun ist nur Kopie, nur Abbild.

Die andere Idee des Lehrens zielt auf die innere Entwicklung. Wissen kann nicht von außen verordnet werden, sondern ist ein systeminterner Vorgang mit seiner eigenen internen Logik. Im Sinne von diesem *inneren Lehrverständnis* kann man einem Menschen nichts *bei*-bringen, sondern nur etwas *nahe*-bringen. Die Idee ist, dass der Schüler in einen intensiven Kontakt mit dem Problem, der Aufgabe oder dem Lehrstoff kommt. Er wird selbst, nach seiner internen Logik, den (für sich) „richtigen" Weg finden. Dieser ist dann, nach seiner eigenen Logik, tatsächlich der „richtige" – und nicht der richtige des Lehrers. Daher ist es treffender, statt von einem „richtigen", von einem zum Schüler „passenden" Weg und von einem „passenden Unterricht" zu sprechen.

Die zweite Form des Lehrens möchte keine Kopie erzeugen. Es geht nicht darum Leonardo da Vincis *Mona Lisa* oder irgendeinen Stoff möglichst exakt zu kopieren. Vielmehr wird dem Lernenden ermöglicht, seinen eigenen Weg zu gehen. Zeigt man ihm, wie es „richtig" geht, so hat er eine Vorlage, ein Bild im Kopf, und es wird ihm schwerfallen, seinen eigenen Weg zu finden. Die Gefahr ist sehr groß, dass er nur den Meister kopiert und sein eigenes Selbst, seine eigenen Bedürfnisse, Gefühle und seinen Gestaltungsraum außen vor lässt. Während bei einem äußeren Lehrverständnis der Schüler dem Lehrer in dessen Fußstapfen hinterherläuft und diesen dadurch nie überholen kann, geht es bei einem inneren Lehr- und Lernverständnis nicht um ein Nachahmen. Es geht von Beginn an um den eigenen Weg. Die Idee des Besser-oder-schlechter-zu-sein, die Idee des Vergleichens, entfällt – unterschiedliche Wege sind nicht vergleichbar. Das spiegelt sich in der Notengebung wider: Bei einem äußeren Lernverständnis kann man den Abstand zum vorgegebenen Lehrweg messen: Wer nur einen Fußstapfen hinter dem Lehrer herläuft, der erhält eine „1", das ist dann „sehr gut". Es ist die beste Note, die der Schüler erreichen

kann, weiterkommen kann er nicht, denn dann steht der Lehrer im Weg. Die Note „Ungenügend" wird vergeben, wenn der Schüler sechs oder mehr Fußstapfen hinterher hängt.

Bei einem inneren Lehrverständnis, welches sich an der eigenständigen Entwicklung des Lernenden orientiert, wird das Notengeben schwierig. Wer seinen eigenen Weg geht, der kann schlecht von außen bewertet werden. In der Kunst ist es generell schwierig, Noten zu vergeben, da das Individuelle sich dem Vergleich entzieht. Der Kunstunterricht in der Schule beschränkt sich daher mehr oder weniger darauf, Techniken zu bewerten. Schaut man nach Bewertungen in der Kunstgeschichte, so wandeln sich die Wertvorstellungen. So wurde beispielsweise der „Akt die Treppe hinabsteigend, Nr. 2“ von Marcel Duchamp zu seiner Zeit in der Presse zerrissen und mit Schmähungen überhäuft. Heute markiert sein Name den Beginn einer neuen Kunstrichtung.

„Kannst Du es vormachen?“ Der Wunsch des Lernenden nach etwas Greifbarem, nach einem „Vorbild“, lässt sich verstehen. Wie sollte man auch ohne konkrete Beispiele lernen können? Es ist die Nähe zum Meister, die der Schüler sucht. Er möchte abschauen, nachahmen, sehen, wie er es macht. All dies ist sinnvoll, ist Lehre, ist Studium und ist ein Teil des Weges. Aber um eigene Wege zu gehen, muss der Schüler irgendwann seinen Meister „töten“, sonst kann er nicht zu dem werden, was ihn auszeichnet, was ihn einzigartig macht. Dieses Erwachen, das Loslösen vom Meister, ist für den Lernenden ein notwendiger Schritt, um sich zu entfalten, um selbst Künstler zu werden, um schlussendlich der zu werden, der er bereits ist.

Der Wunsch nach einem „richtigen Unterricht“ in der Vorlesung wurde gelöst, indem nicht ein Einstieg zu einem Unterrichtsthema (Wahrscheinlichkeit) gezeigt wurde, sondern vier verschiedene. Damit ist etwas Greifbares gegeben, und doch ist die Gefahr der Schablone, des Duplikats und des „richtigen Beispiels“ ein Stück weit vermieden.

Letzten Endes ist mir die radikale Antwort des Kunstprofessors lieber: *„Nein, das mache ich prinzipiell nicht. Sonst denkst Du vielleicht, dass das Vorgemachte ‚richtig‘ ist!“* Vielleicht war es das Drängen meiner Studenten, vielleicht hat mir der Mut zur Radikalität gefehlt. Wahrscheinlich liegt es aber daran, dass ich tief im Innern glaube, dass beides, „Beispiel geben“ und „inneres Wachstum“, sein Recht in der Welt hat.

Von der Unmöglichkeit des Lehrens

Tesfaye sagte einmal, als ich mit einem Selbstportrait mit Öl kämpfte und ihn fragte, wie ich mit dem Pinsel umgehen sollte, dass er glaube, dass man Kunst

gar nicht erklären oder lehren kann. Man nimmt wieder und wieder den Pinsel in die Hand, versucht es wieder und wieder erneut – und irgendwann sitzt der Pinselstrich an der passenden Stelle.

Es ist keine Technik, die Kunst erzeugt. Klar, kann man über Farben und Kontraste sprechen, man kann das Augenmerk, das Sehen daraufhin schulen – aber wie das Wissen im Kopf, wie Kunst auf der Leinwand entsteht, das ist unklar. Hier gibt es keine Bedienungsanleitung. Seit hunderten von Jahren suchen die Menschen nach einer Technik für das Lernen und Lehren, und wieder und wieder gelingt es nicht, eine allgemeine Lern- oder Lehrformel aufzustellen. Entwicklung lässt sich weder erzeugen noch herstellen. Entwicklung geschieht von selbst in einer geeigneten Umgebung. Anders formuliert: Unterricht funktioniert nicht, Unterricht geschieht.

Sehnsuchtsentfaltung

Eine Studentin äußerte sich unzufrieden über ihr Gemälde. Sie arbeitete an einem Selbstportrait. Aus meiner Sicht entwickelte sich ihre Malerei bestens, und so erwartete ich, dass Tesfaye ihr diese Sichtweise ausreden und klarstellen würde, dass es überhaupt keinen Grund zur Unzufriedenheit gibt und wo die Stärken in ihrem Bild liegen – wie man das von einem Pädagogen für gewöhnlich erwartet. Stattdessen meinte er: *„Es ist gut, wenn Du unzufrieden bist. Bist Du zufrieden, so entwickelst Du dich nicht weiter. Einen kurzen Moment zufrieden sein – ja – aber dann weiterzeichnen, weitermalen, weitergehen."*

Ich erschrak. Ist das nicht die Idee des Lehrens an sich? Ich erinnerte mich an einen Satz von Antoine de Saint-Exupéry, dem Autor des kleinen Prinzen: *„Wenn Du ein Schiff bauen willst, fange nicht an Holz zu sammeln, Planken zu sägen und die Arbeit zu verteilen, sondern erwecke im Busen der Männer die Sehnsucht nach dem großen, weiten Meer."*[1]

Unzufriedenheit des Lernenden als Weg und innerer Antrieb zur Entwicklung. Sehnsucht lehren statt Techniken. Doch wie lehrt man Sehnsucht? Kann Sehnsucht überhaupt gelehrt werden? Zumindest nicht direkt. Sehnsucht entsteht im Innern. Sie ist ein Keim in der Seele, der den Weg zum Licht sucht. Und so kann Sehnsuchtsentfaltung nicht von außen hergestellt oder verabreicht werden, aber es lassen sich Situationen schaffen, die Sehnsucht nach Meister-

---

1 Aus Antoine de Saint-Exupéry: *Die Stadt in der Wüste (Citadelle)*, Karl Rauch Verlag, deutsch von Oswalt von Nostitz, Düsseldorf, 1951, S. 172.

schaft und Wissen wahrscheinlich machen. So erzeugt die Möglichkeit, sich selbst entfalten zu können, von selbst Sehnsucht. Äußere Sicherheiten im inneren Wachstum gibt es nicht, doch begünstigen Stille, genaues Hinschauen und Zeitlassen den Prozess, ebenso die Achtsamkeit auf die eigenen Bedürfnisse.

Im 21. Jahrhundert scheint die einfache Wahrheit des inneren Wachstums an Gültigkeit verloren zu haben. In heutigen Bildungsbetrieben wird Wissen als etwas von außen Kommendes betrachtet, das irgendwie in den Kopf des Lernenden hinein soll. Input. Output. Wenig Platz für Sehnsucht.

Das Problem bei „Input und Output" ist, dass keine Nachhaltigkeit generiert werden kann. Verweilt das Lernen in einer inneren Sehnsucht, so entfaltet es sich immer weiter und weiter. Was von außen kommt und keinen Bezug zum Inneren hat, zu den eigenen Bedürfnissen und Gefühlen, das kann nicht wachsen. Das ist ein Problem der Kopie, die scheinbar von außen hineingetragen werden kann: Sie wächst nicht weiter. Sie hat keinen Boden und keine Wurzeln. So wird sich nichts entfalten. Einfalt statt Entfaltung.

Wer wirkliches Wachstum, lebendiges Wissen, innere Entfaltung lehren möchte, der nährt die Sehnsucht und freut sich wie Tesfaye über die Unzufriedenheit seiner Schüler. Lernen als ein Weg, sich selbst immer näher und näher zu kommen. Lernen mit dem unerreichbaren Ziel, der Mensch zu werden, der man bereits ist.

Solche Sätze sind in einer maschinell orientierten Vorstellung von Lernen und Lehren unverstehbar, da sie sich schlecht mit Zahlen und Daten erfassen lassen. Sie scheinen jenseits der Logik zu liegen. Aber nur auf den ersten Blick. Schaut man tiefer, so erkennt man jenseits der Messbarkeit eine andere „Logik" die Sinn ergibt, jedoch eine andere Sprache nutzt. Unverstehbar für Maschinen. So markieren Begriffe wie Aufrichtigkeit, Hingabe und Sehnsucht die Grenze der Empirie. Obwohl sie den Kern der Bildung betreffen, kann man sie sehr schwer mit Zahlen erfassen.

Missratener Tuschestrich – Lernen

Mit Tusche zeichnen, ist die ehrlichste Art des Zeichnens: Es lässt sich nichts radieren, eine Linie ist eine Linie, unveränderbar. Wie ein gesprochenes Wort lässt sich ein Tuschestrich nicht zurücknehmen. Er ist da und wird in die Zeichnung wie ein Wort in das Gespräch oder wie ein Geschehen in die Beziehung, „eingebaut". Einen Radiergummi für Erlebnisse, für Worte, gibt es nicht. Es gibt stets nur Entwicklung und Weiterentwicklung. Die Idee, noch einmal von Null anzufangen, noch einmal von vorn zu beginnen, ergibt in technischen Angelegenheiten Sinn, nicht in sozialen. Wir Menschen haben eine Vergangenheit, alles, was wir denken, fühlen und empfinden, hat uns „gezeichnet".

Dass Dinge nicht ungeschehen gemacht werden können, bedeutet nicht, dass schlimme Dinge, schlimm bleiben müssen. Zwar sind die Dinge an sich nicht wandelbar, jedoch unsere Bewertungen der Dinge. Und diese ändern sich mit dem Kontext. Kommen Striche hinzu, erhält der ursprüngliche Strich eine andere Bedeutung.

Es sind nicht die Linien an sich, die uns missfallen, ähnlich wie es nicht die Dinge sind, die uns das Leben schwer machen. Es ist die Einstellung zu den Dingen, unsere Art und Weise, wie wir die Dinge beurteilen und wie wir damit umgehen. Bewertungen können sich ändern. Das geschieht mit der Zeit, vor allem, wenn andere Linien oder Begebenheiten hinzukommen.

So ist der im ersten Moment scheinbar missratene Tuschestrich am Ende vielleicht der entscheidende Teil, in dem sich das Werk zur Kunst erhebt. Der Umgang, die Auseinandersetzung mit dem Strich, dem Schicksal der Linie, ist schließlich das Wesentliche geworden. Das Kämpfen mit der ungewollten Linie macht das Kunstwerk und das Erlebnis. Scheitern als Teil des Entwicklungsprozesses.

Das mit dem missratenen Tuschestrich geht leider nicht gewollt: Einfach störende Linien auf's Blatt zu zeichnen und schauen, was passiert – so geht es nicht. Absichtlich jemandem einen Stein in den Weg zu legen, bewirkt keine Zufälligkeit, sondern eine gewollte Begegnung. Der Betrachter fühlt die Absicht und ist verstimmt.[2] Das Hindernis darf nicht gewollt entstehen. Daher gibt es kein Rezept für das Gestalten von sinnvollen Schwierigkeiten. Aber keine Angst. Jeder, der etwas beginnt, begegnet „Strichen", die er nicht wollte und mit denen er umgehen muss.

Wenn ein Strich missraten ist, ist es selten eine gute Idee, ein neues Blatt anzufangen, um es dann „richtig" zu machen. Wer sich entwickeln möchte, der spielt und kämpft mit dem Fehler.

Den hilflosen „Trick" mit dem neuen Blatt gibt es ebenso im Leben. Man verlässt die Situation und beginnt woanders nochmals neu. Aber es ist nie ein Neuanfang! Das Erlebnis, die Vergangenheit macht uns ja gerade zu dem, was wir sind. Und so wird der Fliehende, der die Situation verlässt, von seiner eigenen Vergangenheit wieder eingeholt. Er kann zwar wieder und wieder weglaufen, wieder und wieder von „vorn" beginnen – aber auf diese Weise wird er aus seinem Leben nie ein Kunstwerk machen, nie Meisterschaft erlangen, da er das Wesentliche, den Umgang mit der Linie, mit dem scheinbar missratenen Strich nicht angeht, nicht damit umgeht, nicht mit ihm spielt.

Ja, sicherlich gibt es Papiere, auf denen sich nicht gut zeichnen lässt. Wer mit Tusche versucht auf Plastik zu zeichnen, wird scheitern. Und so kann

---

2 Abgewandeltes Zitat aus dem Schauspiel „Torquato Tasso" von Johann Wolfgang von Goethe: *„... und wenn sie auch / Die Absicht hat, den Freunden wohl zu tun, / So fühlt man Absicht, und man ist verstimmt."*

es mitunter auch Orte geben, die so dunkel sind, dass Entwicklung schwer möglich wird.

Daher kann also auch das Gegenteil richtig sein, das Blatt wegzuwerfen, um seine Erfahrungen in einem neuen Blatt Ausdruck finden zu lassen. In einem Prozent der Fälle, vielleicht weniger, mag das Sinn ergeben. Entscheidend ist: Auch das Nichtaufgeben, das Dranbleiben, obwohl die Linie scheinbar misslungen ist, kann nicht verordnet und als absolut betrachtet werden. Dranbleiben, auf Gedeih und Verderb, ist nicht die Lösung oder der Weg zur Wahrheit. Es gibt Situationen, in denen Flucht sehr angebracht ist. Vor dem indischen Puma zum Beispiel. Wenn es in der neuen Welt keine Pumas gibt, ist Flucht eine sehr gute Idee.

Aber in der Regel – leider – fliehen Menschen nicht vor einer Situation, sondern vor sich selbst. Und dieses Selbst, das ist das Tragische, nimmt der Flüchtende stets mit sich. Selten sind es der Lebenspartner, das Land, die Situation, die Umstände an sich. Sollte es wirklich gelingen, die Dinge komplett „auszuwechseln", ist man dazu verdammt, das Gleiche noch einmal zu erleben. Man kann nur vor äußeren Dingen fliehen, nie vor sich selbst.

Zurück zur Kunst, zur ersten scheinbar missratenen Linie, sei es das Leben an sich oder eine Zeichnung: Erst am Schluss lässt sich bewerten, ob eine Linie gut ist oder nicht. Bewerte nie eine Geschichte vor ihrem Ende. Und so lange Du lebst, ist sie noch nicht zu Ende.

Ich zeichne sehr gerne mit Tusche. Es befreit, dass sich nichts radieren lässt. Mit Bleistift ist eine Linie weniger entschieden: Soll ich vielleicht radieren oder soll sie stehenbleiben? Ein Tuschestrich ist ein Tuschestrich, da gibt es keine Diskussion darüber, ob die Linie wieder entfernt werden soll oder nicht. Es geht prinzipiell nur weiter und nicht zurück. Eine sehr schöne Sache. Eine sehr einfache Sache.

Jede Handlung, jedes Wort im Unterricht entspricht einer Linie. Nichts lässt sich ungeschehen und ungesagt machen. Weitergehen, anderes danebenstellen, den Kontext ändern, gegenseitiges Verstehen, die Bewertung ändern, das ist der Weg. Lernen ist immer konstruktiv. So lernen wir aus Fehlern.

Fehler

Bitte keine Fehler vertuschen! Wer Fehler vertuscht, der lernt nicht. Wenn ich versuche, die Form von etwas zu verstehen und es gelingt mir noch nicht, dann erscheint die Strategie, Fehler zu vertuschen, seltsam. Zumindest, wenn ich die Absicht habe, die Form zu verstehen.
Vielleicht vertuschen wir Dinge, weil wir nicht möchten, dass andere unsere Unkenntnis erkennen. Fatal für die eigene Entwicklung – der äußere Beobachter wird wichtiger als die eigene Erkenntnis.
Wer lernen möchte, wer verstehen möchte, wer wirklich Form begreifen möchte, der nimmt ein großes Blatt. Wer Schwierigkeiten mit der Form eines Auges, eines Ohres, einer Nase hat, der sollte Auge, Ohr oder Nase besonders groß zeichnen. „Großmachen" ist eine gute Möglichkeit, um Licht ins Dunkle zu bringen. Die Linien und Formen, mit denen ich Schwierigkeiten habe, will ich betrachten, damit spielen – um zu lernen. Eine Linie, mit der ich nicht zufrieden bin, ist ein Lernpotenzial. Sie gibt mir eine Möglichkeit, etwas zu begreifen, das ich davor nicht begriffen habe.

Wer Angst hat, der wird kleiner und undeutlicher – der Mutige geht das Problem an. Wer mehr an dem Urteil anderer interessiert ist und nicht an Wahrheit, der begibt sich in die Gefahr des Vertuschens. Verstecken führt nicht zu Verstehen. Das Verstecken des scheinbaren Makels, das Kleinwerden führt nicht zum Erkennen, nicht zur Erkenntnis.

Ich mag keine Radiergummis oder Tintenkiller. Die Idee, einen Fehler ungeschehen zu machen, missfällt mir. Das Geschriebene zu „killen" oder so klein und unleserlich zu gestalten, dass andere die eigenen Fehler nicht erkennen können, hält klein und lässt nicht wachsen. Der „Fehler", wenn er überhaupt so genannt werden soll, ist ein Teil meines Lernens, ist Lernpotenzial, ist Möglichkeit.

Man lernt aus Fehlern. Nicht, dass ich einem Menschen Fehler und Irrläufer wünsche, aber wenn diese passiert sind, warum sollen sie dann, in einem verzweifelten Versuch, ungeschehen gemacht werden? Die korrigierende, darüber gezeichnete Linie, hilft verstehen. Das durchgestrichene Wort, die durchgestrichene Zeile hilft erkennen.

Fehler haben keine Methode. Sie können nicht bewusst hergestellt oder herbeigeführt werden. Fehler fallen einem zu. Fehler sind persönlich. Sie beschreiben unsere eigenen Irrläufer. Die Geschichte der Wissenschaft ist eine Geschichte von „Fehlern". Der Fehler ist ein Freund des Forschenden, ein Feedback für

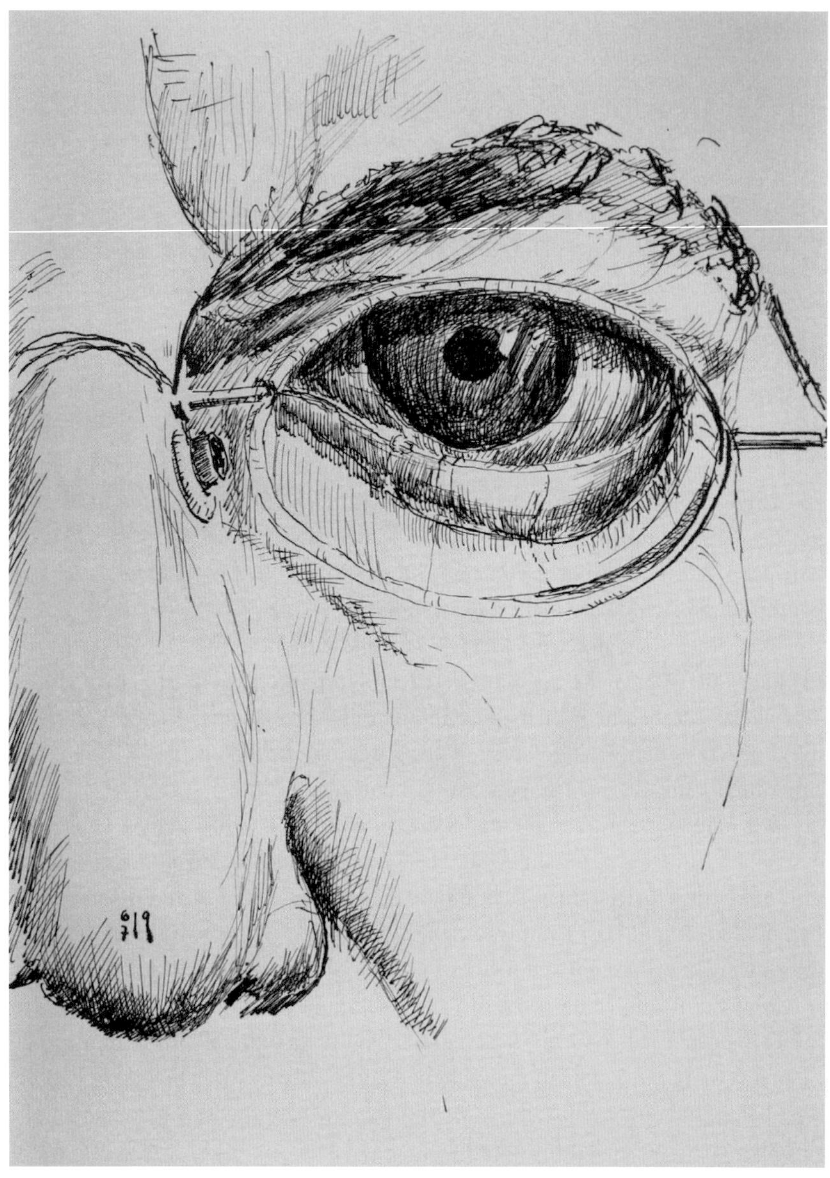

den Lernenden. Jeder Irrläufer trägt dazu bei, das Wissensgebiet genauer zu erkunden. Wer sich in einer Stadt oder in einem Wissensgebiet verläuft, der hat die Möglichkeit, etwas kennenzulernen, was er „bewusst" nie erreicht hätte. Das Ausmerzen von Fehlern ist immer auch das Ausmerzen von Information.

Skizze und Ausstellungsstück

Das Studienbuch des Künstlers ist das Skizzenbuch. Die Skizzen sind als Studien nicht für eine Ausstellung gedacht, sondern dienen dem Verstehen und der Suche. Die Skizze richtet sich nach innen, zur inneren Entwicklung hin, das Ausstellungsstück nach außen, zum äußeren Beobachter. Das meiste, was wir zeichnen und schreiben, sind keine Ausstellungsstücke. Im Skizzenbuch, im Schülerheft, geht es um die ernsthafte Leichtigkeit des Schaffens. Wer Angst vor Fehlern hat, der macht am Ende gar nichts.

Wenn es hingegen um eine Ausstellung geht, wenn tatsächlich eine Seite des Skizzenbuches ausgestellt, eine Seite des Schulheftes präsentiert werden soll, dann darf gerne überlegt werden, was der Öffentlichkeit gezeigt wird. Dann mögen Tintenkiller und Radiergummi dankbare Hilfe leisten und Fehler unsichtbar gemacht werden (auch wenn interessanterweise häufig keine makellosen Bilder ausgewählt werden). Der Sonderfall der Ausstellung ist kein Ort des Versuchs, des Spiels und des Lernens. Hier kann Tintenkiller & Co. durchaus Sinn ergeben – aber nicht bei innerer Entwicklung!

Direktes und Indirektes

Es gibt zwei Möglichkeiten, einen Gegenstand auf einem Gemälde, einer Zeichnung in ein anderes Licht zu tauchen, um eine andere Farb- oder Helligkeitswirkung zu erzeugen.

Die erste Idee ist naheliegend. Ist das Portrait, das Stillleben zu hell oder zu dunkel, dann übermalt man entsprechend das Motiv. Das ist der direkte Weg.

Der zweite Weg wird vom Anfänger leicht übersehen, weil er nicht direkt wahrgenommen wird, obwohl er häufig mehr Raum einnimmt: Der Hintergrund. Erscheint das Motiv sehr hell, kann der Hintergrund aufgehellt werden. Mit zunehmender Helligkeit des Hintergrundes erscheinen weiche Linien auf dem Gesicht stärker. Ist hingegen der Hintergrund sehr dunkel, erscheint eine zarte Zeichnung überbelichtet.

Es geht also nicht um die Helligkeit oder die Farbe des Motivs, es geht auch nicht um den Hintergrund, auf dem der Gegenstand abgebildet ist. Es geht um das Zusammenspiel von Hintergrund und Gegenstand. Es geht um die Beziehung zwischen Motiv und Hintergrund. Kontrast ist ein Beziehungsphänomen und „bezieht“ sich immer auf irgendetwas. Kontrast kann niemals isoliert gedacht werden. Kontrast ist immer gegenseitig.

Möchte man eine Situation verändern, kann man daher auf zwei Seiten operieren. Einerseits kann man auf direkte Weise versuchen, Einfluss zu nehmen; auf der anderen Seite kann man indirekt die Umgebung verändern.

Hintergründe existieren immer! Es ist schlichtweg unmöglich ein Bild ohne Hintergrund zu zeichnen. Selbst wenn das Objekt „frei gestellt“ ist, existiert und wirkt die Freistellung als Hintergrund. Ebenso ist es unmöglich, einen Gedanken ohne Hintergrund zu denken. Stets gibt es einen Kontext, eine Bühne der Wahrnehmung. Das gilt sowohl für gemalte wie auch für ge-

dankliche Gegenstände. Stets ist der Hintergrund Bedeutungsträger. Der Profi weiß um den Hintergrund. Ein Gespräch an einem anderen Ort, zu einer anderen Zeit, ist ein anderes Gespräch.

Leider ist damit auch die Bühne frei zur Manipulation: Der ungeschulte Beobachter achtet nicht auf den Hintergrund, obwohl er dessen Wirkung ausgesetzt ist. Wenn Sie jemand manipulieren möchte, dann wird er versuchen, den Hintergrund, auf den Sie nicht bewusst achten, zu verändern.

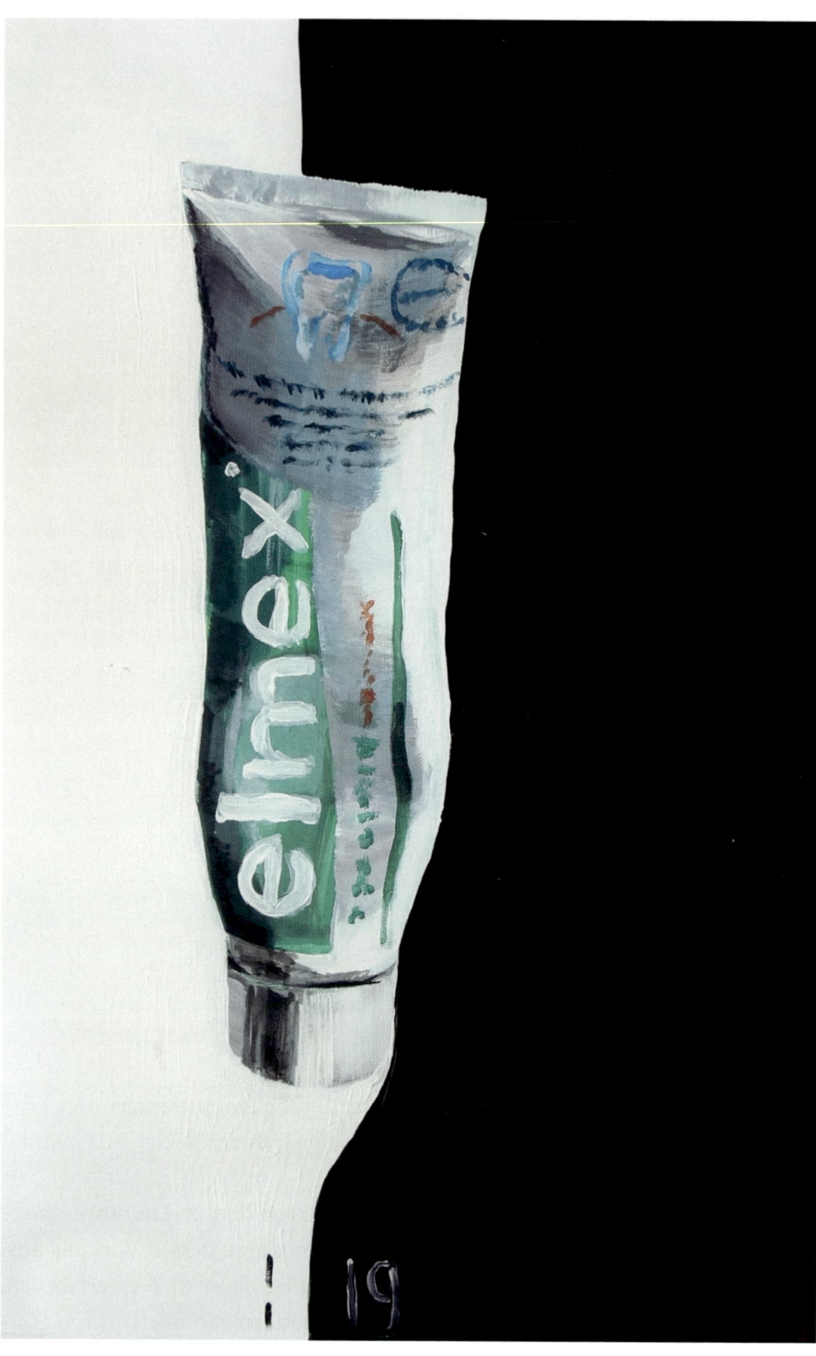
elmex
19

Es muss keine absichtliche Manipulation im Spiel sein, um Dinge unpassend zu bewerten. Zum Beispiel hören Sie beim Kauf von Musikboxen diese im Verkaufsraum zum ersten Mal und nicht in ihrem eigenen Wohnzimmer. Sie betrachten das Kleid, das Sie kaufen möchten, vor dem Spiegel und nicht draußen vor der Tür, also dort, wo Sie es später tragen werden, sondern im Laden bei künstlichem Licht. Da der Hintergrund sich ändert, da Wahrnehmung und Wirklichkeitskonstruktion ein Zusammenspiel aus Umgebung und Objekt ist, haben Sie zu Hause andere Boxen und ein anderes Kleid. Die „Boxen" an sich gibt es nicht, das „Kleid" an sich gibt es nicht – stets kommen Musikboxen und Kleid ausschließlich in einer Umgebung vor. Wie mit dem Sehen und Hören verhält es sich auch mit Riechen, Schmecken und Tasten. Der Wein im Urlaub ist ein anderer, als die mitgebrachte Flasche.

Es geht weder um das Direkte noch um das Indirekte. Es geht um das, was zwischen Objekt und Umwelt liegt. Es geht um Beziehung.

Dasselbe gilt für Unterrichtsgestaltung. Den „freigestellten Schüler" oder die „freigestellte Situation" gibt es nicht. Alles hat stets einen Hintergrund. Alles ist Beziehung.

Störungen

„Störung" ist ein Beziehungsphänomen. Wer Unterricht in einem technischen Sinne betrachtet, der wird auch „technisch" mit Störungen umgehen: „Wenn der Input nicht ankommt, dann muss eine Störung vorliegen."

Eventuell hat man den Störer oder den Störenfried schon lokalisiert. Jetzt gilt es, den Durchfluss des unterrichtlichen Stoffs möglichst reibungsfrei sicherzustellen. Neulich hatte ich einen Klempner im Haus, weil der Abfluss „gestört" war. Bei Rohren erhöht man nach und nach den Druck, entsprechend dieser Vorstellung erfolgt also erst gutes Zureden, dann werden Konsequenzen aufgezeigt und Strafarbeiten angedroht. Weiter folgt Nachsitzen, Elterngespräch, Besuch bei der Schulleitung, zeitweiliger Schulausschluss. Und so weiter. So lange, bis der Störenfried unter dem Druck nachgibt, entfernt ist und der Stoff wieder fließen kann. Bei mechanischen Dingen wie Abflusssystemen ergibt die Idee, nach und nach den Druck zu erhöhen, Sinn.

Soziale Störungen haben nichts mit technischen Störungen zu tun. Störungen sind Beziehungsphänomene. Infolgedessen kann eine Störung stets von beiden Seiten aus gedacht werden. Eine Störung im Rohrsystem ist einseitig, eventuell kann der Bewohner eine Beziehung zum Rohr aufbauen, aber das Rohr nicht zum Bewohner.

Bei sozialen Systemen wie Unterricht, ist nicht klar, wer da wen stört. Ein Schüler fällt vom Stuhl, er wirft Papierkugeln durchs Klassenzimmer, er ärgert seinen Nachbarn oder den Lehrer. Er hat keine gute Lobby, selten einen Anwalt, der ihn vertritt. Die Machtverhältnisse sind geklärt, und daher wird die Situation (aus schulischer Sicht) so erklärt, dass dem Schüler die Schuld zugesprochen wird.

Schuld ist jedoch eine Konstruktion. Die Natur kennt keine Schuld, kein Gut und kein Böse. Die Dinge sind einfach da und das genügt den Dingen.

Da Schuld ein Konstrukt ist, kann man diese auch immer anders konstruieren. Zum Beispiel so, dass das sogenannte Fehlverhalten des Papierkugelwerfers als „richtig“ erscheint und die Schuld beim System Schule oder im Bildungsplan liegt. Da ist zum Beispiel ein Kind mit 12 Jahren, es wird zwei Stunden vor Sonnenaufgang geweckt, gegen den Rhythmus der Natur, und soll etwas lernen, das aus seiner Sicht nichts mit ihm, nichts mit seiner Lebenswirklichkeit zu tun hat! Wer stört hier also wen? Und was soll der Schüler tun, wie soll er in einem ungleichen Machtverhältnis reagieren? Vielleicht fällt er vom Stuhl, vielleicht wirft er mit Papierkugeln, vielleicht ärgert er seinen Nachbarn, um etwas Lebendigkeit zu erzeugen? Entsprechend kann man sich fragen, ob hier nicht der Schüler in seiner Entwicklung „gestört“ wird und der eigentliche Störenfried, das System oder der Bildungsplan, ungeschoren und ungesehen davonkommt.

Aber auch diese Sichtweise, die Verständnis für den Schüler konstruiert, ist nicht die „richtige“, ist nur eine mögliche Sichtweise. Es gibt nichts „Richtiges“, es gibt nur „Richtungen der Beobachtung“. Fast immer wird so konstruiert, dass der Konstrukteur dabei selbst gut wegkommt. Beispiele gibt es genug. Es ist eine Frage der „Erklärung“. Und nach der Erklärung (nicht nach der Beobachtung) richtet sich das Handeln.

Ein weiterer äußerer Beobachter kann etwas sehen, das weder der Bestrafende noch der Papierkugelwerfer sehen kann: Er sieht die gegenseitige Interaktion, er sieht die Beziehung.

Das Ziel ist nicht, herauszufinden, wer recht oder unrecht hat, sondern eine stimmige Begegnung zu ermöglichen. Von außen betrachtet gibt es keine einseitige Störung, die Wahrheit beginnt bei Zweien. Störung lässt sich immer von beiden Seiten aus denken. Störung ist ein Beziehungsphänomen!

Beschreibung und Selbstbeschreibung

Wenn ein Mensch einen anderen anschreit, über wen sagt das Geschrei mehr aus: über den Angeschrienen oder über den Schreier? Wenn wir mit dem Finger auf jemanden zeigen, so zeigen wir mit drei Fingern auf uns selbst.

Bei Kunstwerken verhält es sich entsprechend: Sagt der Künstler mehr über den Gegenstand, den er zeichnet, oder mehr über sich selbst aus? Wenn Sie an die Kunstwerke eines bestimmten Künstlers denken, haben Sie dann eher das Gefühl, etwas über die abgebildeten Personen und Dinge zu erfahren oder eher etwas über den Künstler selbst? Handelt es sich um eine Beschreibung oder um eine Selbstbeschreibung?

Jeder zeichnet mit seiner Handschrift. Der Künstler beschreibt sich durch seine Handlungen, durch das, was er auswählt. Er erschafft Dinge, für die er sich interessiert, die für ihn Thema sind, wodurch er angeregt oder „gestört“ wurde, womit er in Resonanz ist – all das beschreibt ihn selbst. Mindestens so sehr, wie die Dinge, die er durch seine Kunstwerke beschreibt und interpretiert.

Ein schulisches Beispiel: Wenn Sie eine Klassenarbeit von einem Kollegen sehen, erfahren Sie dann mehr über den Schüler, der die Aufgaben gelöst hat oder über die Lehrkraft, die die Aufgaben gestellt hat?

Einfachheit

Portraitzeichnen bei Frido Hohberger: Wir teilen in Segmente auf, zerlegen und fügen hinterher wieder zusammen. Mit dem „Kubisieren“ gelingt das Verständnis von Form über Prismen. Das Geheimnis des Zeichnens besteht darin, dass man Linien setzt, die man nicht sehen kann. Man *weiß* um diese Linien.

Wo zwei Flächen aufeinandertreffen, ändert sich das Licht. Entsprechend färben wir die kubisierten Zeichnungen ein. Laut Frido ist Zeichnen nicht Abkupfern, sondern Sehen und Denken.

Wenn man nicht gerade Picasso ist, sollte man über Kuben und innere Linien zur Umrisslinie kommen. Ich kenne niemanden, der so vehement gegen die Umrisslinie spricht wie Frido. Es geht um Haltung und nicht um Kopie.

Kuben zwingen in die Vereinfachung. Man lässt alles weg, was weg kann. Dann bleibt etwas übrig, und daran arbeitet man. So spricht Tesfaye über die Malerei. Bei Frido hört es sich ähnlich an. Die Kunst des Vereinfachens. Erst nach einer langen Künstlerkarriere gelingt es. Frido zweifelt, ob es sinnvoll ist, Anfängern des Zeichnens zu zeigen, wie das Einfache erreicht werden kann. Die Reduktion ist eines der schwierigsten Dinge. Während sich der Schüler zu Beginn an einer exakten Wiedergabe versucht, steht die Frage im Raum: Was soll, was darf weggelassen werden? Was ist das Wesentliche? Was braucht es für das, was ausgesagt werden soll?

Wenn man das Reduzierte abzeichnen möchte, es zu kopieren versucht, verschwindet die Magie. Das Einfache gehört zu den schwierigsten Übungen. Im ZEN konzentriert man sich auf das Einatmen und Ausatmen. Das ist schon sehr viel. Die Aufmerksamkeit auf das Einfache zu richten, auf das Hier und Jetzt, bedarf langer Übung. Nicht weil es schwierig, sondern weil es einfach ist.

Das Schwierigste in der Kunst des Unterrichtens ist, das „Herz der Sache“ zu finden, die Verschränkung zwischen Inhalt und der Beziehung des Schülers zum Inhalt. Und zwar so, dass der Lernende „einfach“ von der Fachlichkeit berührt wird. Unterricht als Antwort auf die Frage des Schülers: „Was hat das (die Wissenschaft) mit mir (als Mensch in meiner Lebenswelt) zu tun?“

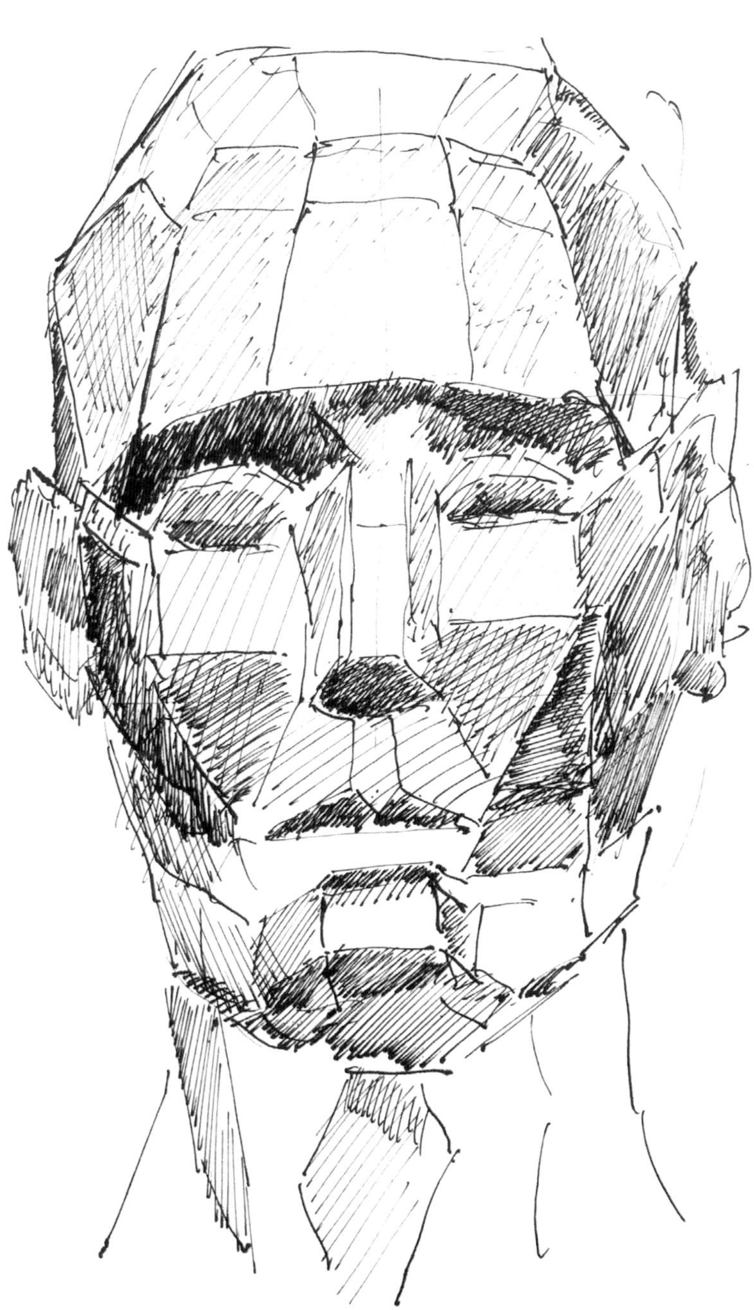

Doch wie erklärt man komplexe Inhalte einfach, ohne dabei falsch und oberflächlich zu werden? Wie erzeugt man mit wenigen einfachen Linien ein Kunstwerk, das den Betrachter berührt?

Für den Unterricht gibt es einen einfachen Test, den meine Studenten bei der Vorbereitung durchführten: den „Feynman-Test". Einer Legende nach meinte der Nobelpreisträger, dass man eine Sache erst dann richtig verstanden hat, wenn man sie einem Fünfjährigen erklären kann. Dabei soll er an Phänomene der Quantenmechanik und der Relativitätstheorie gedacht haben. Wie in der Kunst verschwindet mit der Einfachheit die Möglichkeit, sich hinter vielen komplizierten Linien zu verstecken. Im Gespräch mit einem Fünfjährigen verschwindet die Möglichkeit, sich hinter Fachbegriffen und Fremdwörtern zu verstecken. Der Meister drückt sich einfach aus.

Aufbrechen – der dritte Weg

Von zwei Möglichkeiten, wähle die dritte. – So lautet ein alter Spruch aus dem ZEN.

Es fällt mir schwer, den folgenden erlebten Unterricht zu beschreiben. Auf den ersten Blick wirkt alles zufällig, ohne Struktur und verrückt. „Ver-rückt" vom Normalen, vom Durchschnitt, vom Standard, vom Mittelmaß – „ver-rückt" aber ganz und gar nicht „irr". Wir zeichnen unseren Zeichenlehrer, wie er über dem Türrahmen hängt. Ich weiß noch genau, wie der Performancekünstler in einer der ersten Sitzungen hochkletterte. Ich hatte Angst vor einem Unfall, dass die Tür das Gewicht nicht aushält, dass er sich verletzt.

In der Folgestunde ein anderes Thema: die Treppe. Unser Dozent läuft die ganze Zeit. Wie soll das gezeichnet werden? Er läuft die Treppe rechts hoch und links wieder hinunter. Schrittgeschwindigkeit ohne Halten. Und doch setze ich den Bleichstift auf das Papier und beginne zu zeichnen. Es geht nicht, gibt es nicht. Nicht hier.

Ein anderes Mal zeichnen wir Füße, alles wie immer möglichst groß. Unser Zeichenlehrer liegt unter dem Tisch und streckt seinen Fuß hoch; wir Studenten zeichnen. Es kommen Interessierte zum Schnuppern vorbei und suchen den Dozenten.

Dann zeichnen wir im Supermarkt, neben der Fleischtheke, neben Tonnen von Milch, neben Millionen Süßigkeiten, mitten im riesigen Überangebot. Wir besprechen unsere Arbeiten mittendrin, neben Menschen und ihren Einkäufen.

Wir zeichnen Ziegen, die nicht da sind; wir zeichnen die Geräusche des Waldes und Seidenhühner im Regen; wir zeichnen auf dem Friedhof. Letztes Mal haben wir in einem Heim von Demenzkranken gezeichnet. Es hat mich tief berührt.

An jedem Mittwochmorgen, wenn ich zum Unterricht aufbreche, frage ich mich, ob ich nicht besser daheim bleiben sollte. Ich habe zu Hause genügend zu tun. Warum auch immer, vielleicht aus einem Gefühl der Verpflichtung heraus, breche ich auf und gehe mit. Ich weiß nicht genau, was ich zwischen nicht vorhandenen Ziegen und vorhandenen Grabsteinen lerne, es entzieht sich der Worte. Ein bisschen ist es so wie mit den zwei Seiten einer Medaille: Wenn man Dir zwei Möglichkeiten gibt, wähle die dritte. Der Unterricht bringt uns dazu, etwas anderes zu machen. Ohne ihn hätte ich sehr wahrscheinlich nie im Gehen oder rennend gezeichnet.

Die dritte Seite beschreibt das Unbeschreibliche, das Ausbrechen, die ständige Forderung, einen anderen Blickwinkel einzunehmen. Andere Möglichkeiten zu suchen und zu versuchen. Andere Möglichkeiten zu erleben.

Ich brauchte fast zwei Semester, um den Tiefgang seiner Lehre zu verstehen. „Verstehen" ist im Grunde nicht der treffende Ausdruck, es ist eher ein Fühlen und Hineinwachsen. „Mach es doch einfach!" „Warum reden, probiere es doch!"

Es gibt keinen Zwang in der Veranstaltung, stets könnte ich mich zurücknehmen, ich könnte aussetzen. Aber ich tue es nicht. Ich gehe mit. Bei allen Übungen. Und ich wundere mich nicht mehr wie anfangs darüber, dass die Studenten weiter in seinen Kurs gehen. Jenseits der Ratio findet eine Begegnung in einem anderen Raum statt. Es interessiert kein genaues, exaktes Zeichnen. Form zu verstehen genügt nicht, die reine Abbildung ist noch keine Aussage. Das ist nur technische Arbeit, aber keine Kunst. Aber selbst diese Aussage beschreibt es nicht. Es gibt kein Dogma, auch meine Suche danach, Form zu verstehen, darf sein.

Wahrscheinlich kommen wir in den Unterricht, weil die dritte Möglichkeit, der dritte Weg, zum Selbst führt. Eine Kommilitonin kann es auch nicht recht in Worte fassen, was den Kurs ausmacht. „Irgendwie" erschafft sie seither andere Bilder.

Am besten lässt es sich vielleicht als ein Aufbrechen beschreiben. Ein Aufbrechen verkrusteter, alter Strukturen. „Das kannst Du, versuche es doch einmal." Der Versuch, das Neue, wird nicht als fremdbestimmte Verordnung empfunden, sondern ist immer eine Begegnung mit sich selbst. Es geht nicht darum, Spaß zu haben, vielmehr ist es ein „ver-rückter" Weg zur Erkenntnis. Durch die Verrückung geschieht etwas. Der Unterricht kreiert Möglichkeiten und schafft Situationen, in der wir unserer eigenen Idee, unserem eigenen Selbst, näherkommen. Nur, es nicht versucht zu haben, stärkt nicht und führt nicht weiter. Nicht versuchen ist der Weg ins Nichts. Im Grunde besteht der „Unterricht" darin, dass wir Sachen machen, die wir allein nie machen würden. Eigentlich ist das gar kein Unterricht, keine Lehrveranstaltung im gewöhnlichen Sinne. Es ist eine Performance, in der wir beteiligt sind. Ein außenstehender Beobachter würde sicherlich öfters den Kopf schütteln.

Es ist ein Ringen um Worte: Ich brauchte lange, um zu erkennen, dass dieser „Unterricht", in dem es nicht um das Suchen und Finden der korrekten Form geht, wo schönes Zeichnen keine Rolle spielt, wo die mutige Linie, die neue, die aufbrechende willkommen ist, dass dieser Unterricht, dessen Inhalte sich nicht aufzählen lassen, sehr wichtig ist.

Die dritte Möglichkeit, der dritte Weg, das Aus- und Aufbrechen des Inneren aus der Schablone – wie wichtig ist das für unserer Kinder. Sich selbst erfahren, zu erleben, was in einem selbst steckt, ohne Normierung, ohne ein bestimmtes Soll zu erfüllen! Ungleich wichtig und doch so gar nicht messbar. Eine Lehre jenseits des Erklärbaren, jenseits der empirischen Vernunft. Und doch zeichnet man hinterher „andere" Bilder. Freunde und Bekannte können das wahrnehmen. Es sind nicht nur andere Bilder. Es sind persönlichere Bilder. Sie sehen auf irgendeine Art und Weise ehrlicher und „näher" aus.

Also ein Appell für das nicht Kalkulierbare, eine Stärkung für das Nicht-Verstehbare, ein Raum für das nicht Beschreibbare, sodass der eigene Lebens-

19 19

weg aufbricht. Eigenes, nicht Kopiertes. Aus der eigenen Schale schlüpfen. Das ist gemeint mit „Aufbrechen“.

Ich hoffe sehr, dass das Unaussprechliche nicht wegrationalisiert wird. Dass der Versuch, das Unmessbare zu lehren, wieder und wieder geschehen darf und geschieht.

Die Linie der Wahrheit

Die Kunst ist die dritte Dimension, der Ausstieg, die Flucht oder die Abkehr vom „Entweder-oder“. Das Dritte ist der Ort der Kreativität, der Ort zwischen „0 und 1“, der Ort, der für Maschinen nicht erreichbar ist. Hoffentlich. Mehr und mehr schleicht sich eine Unsicherheit in das Leben. Ist es echt oder falsch? Ist das ein echtes Gegenüber oder eine künstliche Intelligenz. Was bedeutet *echt*?

Gestern wollte ich Jutta nochmals besuchen. Vor einer Woche brachte ich ihr ein Skizzenbuch vorbei. Jutta hat Krebs, Lungenkrebs in einem unheilbaren Stadium. Sie liegt mit der Schmerzpumpe auf dem Bett und ist abgemagert. Ich bewundere sie. Trotz der Chemos strahlen mich lebendige Augen an, Augen, die am Leben teilhaben, vielleicht mehr als meine eigenen.

Wir sprechen über Kunst. Ich bin auf dem Weg ins Zeicheninstitut und sie blättert in meinen Tuscheskizzen. Sie hatte Kunst-Leistungskurs in der Schule. In der Kindheit hieß es, dass man „schön zeichnen“ sollte, ordentlich. Das ist nicht der Gedanke der dritten Dimension, des Aufbrechens in die Darstellung des Unmöglichen. Ich fragte, ob ich ihr ein Skizzenbuch mit Tuschestift bringen solle.

Hier ging es nicht um die Produktion oder die Herstellung eines Kunstwerkes. Offensichtlich ist die Idee „Form zu begreifen“ nicht alles. Ich war so vernarrt in die Idee des Begreifens mit dem Stift, mit dem „Erfassen“ der eigenen Wirklichkeit, dass ich gar nicht erkannte, dass eine Linie nicht nur Mittel zum Zweck ist, nicht nur dafür da ist, Kunstwerke zu schaffen und zu produzieren. Nein. Die Linie, das Zeichnen, ergibt auch Sinn ohne Anspruch. „Ohne Anspruch“ nicht nur als Vorübung für das eigentlich später folgende Kunstwerk. Nein. Die Linie der Wahrheit. Auch da, oder gerade da, wo sich die Form auflöst, ergibt die Linie Sinn. Die Linie der Wahrheit will nichts mehr. Ich kann gar nicht sagen, worin der Sinn besteht, kurz vor dem Tod wieder zu zeichnen.

Ich fragte Jutta, ob sie Angst hat. „Es ist wie einschlafen.“

Heute war ich wieder da. Ich wollte die Linien sehen, die sie gezeichnet hatte oder einfach mit ihr reden. Ich glaube, ich wollte lernen. Jutta war nicht mehr da. Die Begegnung mit dem Wesentlichen kann sehr traurig machen.

Aufmerksamkeit, Aufmerksamkeit, Aufmerksamkeit

Aufmerksamkeit. Wer an Beziehung interessiert ist, braucht die Anwesenheit des Geistes. Dabei ist nicht die Aufmerksamkeit eines Polizisten gemeint. Es geht nicht darum, einen Tatbestand akribisch genau zu untersuchen, nicht darum, kleine Fehler zu finden und auszumerzen. Besser ist es, wie eine Kuh hinzusehen: kraftvoll und umfassend. Es geht um eine ganzheitliche Wahrnehmung. Im ZEN heißt es: „Sei offen und weit wie der Himmel, dann bist Du auf dem Weg." Es geht nicht darum Tuschestrich für Tuschestrich zu prüfen oder zu überprüfen. Man kann die Längen aller Tuschestriche abmessen und kontrollieren und hat trotzdem das Kunstwerk, das direkt vor einem steht, nicht betrachtet.

Im ZEN schaut man unmittelbar hin, klar, direkt und wertfrei. Vollkommen gegenwärtig, ganz im Hier, ganz im Jetzt. Der Lehrer kann im Schüleraufsatz Wort für Wort die Rechtschreibung kontrollieren, er kann die Fehler im Mathematiktest säuberlich anstreichen und notieren – aber auf diese Weise ist es schwer, zu erkennen, was da im Schüler an Sprache und strukturellem Denken heranwächst. Es geht nicht um die einzelne Linie. Aufmerksamkeit ist keine Kontrolle.

Es gibt eine hübsche Geschichte aus dem ZEN dazu:

Ein junger Mensch wollte das Wesen einer Zwiebel untersuchen. Er ging sehr behutsam und sehr ordentlich vor und löste die äußerste Schale mit feinen Messerchen, die er sich extra dafür besorgt hatte. Er häutete die Zwiebel Schicht für Schicht, immer weiter und weiter. Sehr konzentriert und sehr bedacht darauf, beim Sezieren kein Häutchen zu verletzten. Am Ende blickte er auf einen Berg aus Zwiebelschalen und fragte sich, was denn das Wesen der Zwiebel sei, sie bestünde ja nur aus Häutchen und Schalen. Er hatte in all seiner Genauigkeit nichts vom Wesen der Zwiebel erfahren.

Genauigkeit ist das Gegenteil von Aufmerksamkeit. Genauigkeit bleibt im Außen, Aufmerksamkeit ist eine innere Haltung.

25/4/21

ERKENNEN

Einatmen, ausatmen

Wenn ich danach gefragt werde, was das Wesentliche, der Kern und das Herz in der Kunst der Wissensvermittlung ist, so lautet die Antwort: Einatmen, ausatmen.

Das ist alles.

Der Atem ist die Grenze zwischen Innen und Außen. Bildung, die Konstruktion von Wissen, geschieht ausschließlich im Inneren, innerhalb des Lernenden. Die Gestaltung von Lernumgebungen – egal wie geartet – findet immer und ausschließlich im Außen statt. Erst der lernende Mensch kann daraus in seinem Inneren Wissen erzeugen. Nichts, gar nichts, geht von außen auf direktem Wege in den Kopf.

Einatmen, ausatmen beschreibt das Wechselspiel zwischen Außen und Innen, zwischen äußerer Welt und innerer Wirklichkeit. Wir bilden Gedanken (Innerung) und wir äußern uns durch Worte und Handlungen. Wir erleben das Außen und wir denken. Das Innere beeinflusst das Äußere und andersherum. Die Kunst des Lehrens und die Kunst des Lernens bestehen in der Begegnung von Außen und Innen.

Die moderne Technik, insbesondere das Digitale, das immer lauter werdende Schnelle beschleunigt mehr und mehr. Die didaktische Welt hat sich nach außen gerichtet. Die Sorge ist, dass es im Inneren immer leerer wird und vergeblich versucht wird, diese Leere mit noch mehr Geschwindigkeit, mit noch mehr Lautstärke zu kompensieren. Eine hilflose Idee, da nicht Schnelligkeit, sondern Stille und Langsamkeit die Gefährten des inneren Wachstums sind.

Einatmen, ausatmen. Das ist eine Eigenschaft des Lebendigen. Tote Dinge atmen nicht mehr. So geht es im Unterricht nicht um Perfektion. Perfektes entwickelt sich nicht, Perfektion ist der Tod des Wachstums, des Lebendigen.

Es geht in der Bildung darum, die eigene Lebendigkeit zu spüren. Und zwar „innenseitig“, nicht durch äußere Schnelligkeit. Ist man an innerer Entwicklung, an Bildung interessiert, dann ist „langsamer“ besser. Alles was wächst, was sich „bildet“, braucht Zeit. Das ist der Unterschied zwischen Herstellung und Entwicklung. Es geht um die Entwicklung des Lebendigen, um den ganzen Menschen. Und dieser atmet ein und aus.

Vollkommener Unterricht

Die Kunst zu unterrichten geschieht im Handeln. Man kann viel über das Unterrichten schreiben, Gedanken und Strategien entwickeln, aber letzten Endes lernt man Unterrichten durch Unterrichten.

Das ist ein Problem, denn wer heute über Unterricht forscht, über Unterricht schreibt, erklärt, wie Unterricht funktioniert, und bei politischen Bildungsentscheidungen berät, unterrichtet in der Regel nicht. Selten sehen sogenannte Experten echte Schüler, häufig nur bei didaktischen Forschungsexperimenten. Da fehlt die Bodenhaftung. Ohne selbst vor einer Klasse zu stehen, fehlt das Unmittelbare, die Begegnung. Jedoch geschieht das Wesentliche weder in einem Buch noch in einer Philosophie, noch wird es durch Denken erreicht. Alle Konzepte, Ideen, Anregungen können nur Begleiter sein. Das Wesentliche findet in der Kommunikation, in der Beziehung, im Unterricht statt. Im Hier und Jetzt.

Stimmiger Unterricht strebt nach Vollkommenheit. Dabei ist Vollkommenheit kein Maß, das irgendwann erreicht ist. Vollkommenheit bezeichnet den Zustand, „voll im Kommen zu sein". Vollkommener Unterricht kann somit nicht hergestellt oder nachgemacht werden. Jedoch können Bedingungen dafür geschaffen werden, dass sich Unterricht, die Begegnung zwischen Mensch und Wissensgebiet, „vollkommen" entfaltet. Solche Momente lassen sich nicht erzwingen oder konstruieren. Schüler wie Lehrer würden die Absicht spüren und wären verstimmt. Man unterliege nicht der Versuchung, einen vollkommenen Moment zu wiederholen. Vollkommenheit entsteht aus der Situation, quasi von innen heraus. Sie lässt sich nicht von außen, weder per Knopfdruck noch durch Wiederholung, erzwingen.

Funktionalität und Ästhetik

Wie soll gelehrt werden, damit gelernt werden kann? Welche Rolle soll Unterricht einnehmen? Nach welchem Vorbild, nach welchem Modell soll Unterricht gestaltet werden?

Das vorherrschende Modell orientiert sich an Input und Output, die Idee der Maschine bestimmt die Bildungslandschaft: Schüler werden zu Beginn nach Herstellungsdatum (Geburtsjahr) und Leistung (verschiedene Schulformen) sortiert, in sogenannten „Klassen" gebündelt und erhalten nach Plan einen sogenannten Schulstoff verabreicht. Wissen wird in dieser Konzeptualisierung stofflich gedacht. Die Gefahr besteht, dass nichts, zu wenig oder das Falsche im Kopf ist. Die Inhalte im Kopf werden daher regelmäßig produkt- und nicht prozessorientiert kontrolliert, das heißt, dass keine Handlungen (Prozesse), sondern Ergebnisse von Handlungen (Produkte) geprüft werden.

Technisch gedacht ist Schule eine Lernfabrik, die Einrichtung erfolgt zweckmäßig – Funktionalität statt Ästhetik. Daher sehen moderne Schulen wie Fabrikgebäude aus. Der Ort des modernen Lernens ist kein Wohlfühlraum, sondern ein Mittel zum Zweck. Der Ort des Denkens ist nicht als Wohnort oder Wohnzimmer eingerichtet, vielmehr erinnert er an eine Produktionshalle. Seltsam und unverständlich, da doch der menschliche Geist gerade im Bildungsbereich als höchster Wert angesehen wird. Warum sind Schulen keine Tempel des Wissens? Warum sind die Wände kahl, die Schränke funktional? Eine Maschine, ein zu bearbeitendes Bauteil stört sich nicht daran, solange die Werte von Temperatur und Luftfeuchtigkeit im vorgegebenen Bereich liegen.

Wer Bildung nicht als einen Herstellungsprozess betrachtet, sondern als ein künstlerisches Gestalten, nimmt eine andere Perspektive ein. Auf den ersten Blick erscheint es ungewöhnlich, künstlerische Strategien auf Unterricht zu übertragen, bei näherer Betrachtung ist es naheliegend: In der Kunst geht es um Komposition, um Ausdruck, um Hintergrund und Vordergrund, um Kontraste und Wirkung. Es geht darum, für sich selbst und für das Gegenüber etwas zu schaffen. In diesem Modell zeigt sich Lehren als eine Kunst.

Künstlerisches Gestalten und Arbeiten lässt sich viele Jahrtausende zurückverfolgen. Jede Zivilisation, jede Völkergemeinschaft, hat Kunst hervorgebracht. Ästhetik begleitet den Menschen in seiner Entwicklung seit jeher. Nicht das, was funktioniert, bildet sich, sondern das, was zusätzlich als ästhetisch wertvoll empfunden wird.

Heute, 300 Jahre nach Newtons Apfel, scheint die Kunst an Wert verloren zu haben. Es verwundert nicht, dass nach den großen Erfolgen, von der Dampfmaschine bis hin zum digitalen Netzwerk, maschinelle Konzepte auf soziale Systeme übertragen worden sind. So ist es verständlich, dass die am weitesten verbreitete Vorstellung über Unterricht einer maschinellen Idee folgt.

Ersetzbarkeit

„Sie wissen doch: Jeder ist ersetzbar!“
In einer maschinellen Vorstellung von Unterricht sind die Menschen im Bildungsbetrieb „ersetzbar“. Das ist eine technische Begrifflichkeit, eine technische Denkweise. Wenn Sie in Ihrer Wohnung den Kühlschrank austauschen, wird das den Herd nicht stören. Das liegt vor allem daran, dass der Herd keine Beziehung zum Kühlschrank aufgebaut hat. Lebendige Dinge müssen sich entwickeln, wachsen und angenommen werden. Kühlschränke wachsen nicht, sie werden hergestellt. Das ist der Unterschied.

Jeder Unterrichtende weiß, dass es auf die Beziehung ankommt. Beziehungen lassen sich nicht ersetzen. Die Kollegen, die Schüler werden es merken. „Jeder ist ersetzbar“ bezieht sich auf Kühlschränke, nicht auf Menschen. In einem sozialen System, welches aus Beziehungen und Kommunikationen besteht, fühlt sich die Wortwahl merkwürdig und deplatziert an.

Es gibt viele Begriffe, die aus der technischen Welt auf den Menschen übertragen wurden, obwohl die Maschine offensichtlich etwas ganz anderes ist. Menschen funktionieren nicht, sie atmen und wachsen. Sie „fahren sich auch nicht hoch“. Das Gehirn ist keine Festplatte und Lernen ist kein Kopiervorgang.

Begriffe

Wer Unterricht als Kunst versteht, der denkt Bildung nicht maschinell. Eine Gegenüberstellung zwischen funktionaler und sozialer Begriffsbildung zeigt den Unterschied.

Herstellung – Bildung
Kopie – Wachstum
Ablauf – Entwicklung
durchkommen – ankommen
Geschwindigkeit – Intensität
Kontrolle – Vertrauen
Datenerzeugung – Wahrnehmung
Produktorientierung – Prozessorientierung
planen – vorbereiten

außen	–	**innen**
Input-Output	–	**Verdauung**
korrekt	–	**aufrichtig**
automatisch	–	**selbstständig**
Genauigkeit	–	**Aufmerksamkeit**
etwas beibringen	–	**etwas nahebringen**
Funktionalität	–	**Ästhetik**
Vollständigkeit	–	**Erfüllung**
Bewegungslosigkeit	–	**Stille**
Taktung	–	**Atmung**

Erkenntnis

Erkenntnis beginnt mit dem Erkennen, mit Wahrnehmung. Wahrnehmung ist der erste Zugang zur Welt, eine Hinwendung von innen nach außen. Mit unseren Sinnen können wir allerdings nur das wahrnehmen, was für uns einen Unterschied macht. Kurz: Wir können nur Unterschiede wahrnehmen. Diesen Text können Sie nur Lesen, weil er sich vom Untergrund untersch

Alle Erkenntnis basiert auf Unterscheidung. Beobachten ist immer das Beobachten eines Unterschieds. Anders formuliert: Der Geist spaltet im Erkennen das, was zuvor eins war.

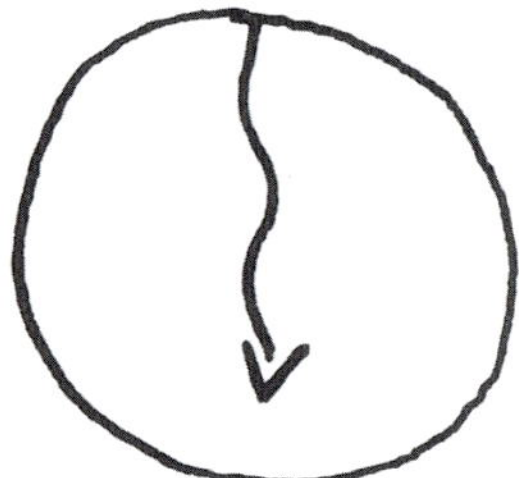

Erkenntnis ist somit das Erkennen, dass etwas anders ist. Damit ist Erkenntnis stets eine Abkehr von der Einheit, eine Vertreibung aus dem Paradies der Einheit. Wenn wir „Schwarz“ sagen, bemerken, beobachten oder denken, erschaffen wir simultan eine Umgebung, die sich vom Schwarzen unterscheidet: ein Nichtschwarz. Denken ist nichts anderes, als das Schaffen und Bezeichnen von Unterschieden.

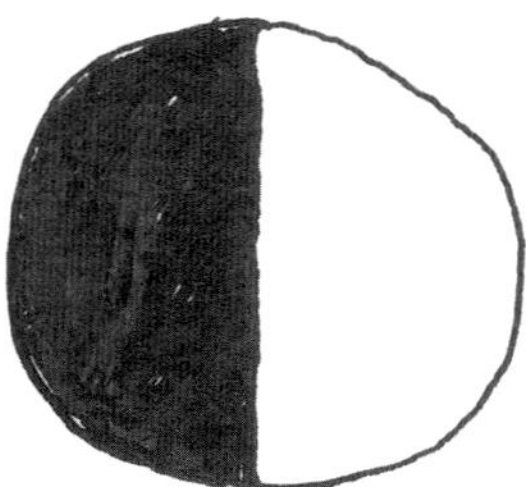

Unser Denken ist somit stets polar. Mit anderen Worten: Denken teilt die Einheit. Mit dem Bewusstwerden des Einen entsteht immer auch das Andere. So bedingt das Eine das Andere und das Andere das Eine.

Handeln

Im unterrichtlichen Geschehen lassen sich unterschiedliche Möglichkeiten denken. Erst die Handlung zwingt in die *Ent-scheidung*. Sie können eine Wand Schwarz oder Nichtschwarz streichen, Sie können über beide Möglichkeiten sprechen, beide diskutieren – aber Sie können die Wand nicht Schwarz *und* Nichtschwarz streichen. Das ist der Unterschied zwischen Handeln und Denken. Es ist ähnlich wie beim Gehen: Sie können verschiedene Wege durchdenken und planen und Unterschiede abwägen, aber wenn Sie einen Weg abschreiten, müssen Sie sich entscheiden. Das ist ein Merkmal des Handelns.

Es gibt einen Grund dafür, dass manch einer viel nachdenkt, aber nicht zum Handeln kommt und sogar Angst davor hat: Mit der Handlung ist die Entscheidung getroffen. Von den vielen Möglichkeiten des Denkens ist eine auskristallisiert! Alle anderen wurden verworfen.

Mit der Ent-scheidung lässt sich Schuld konstruieren. Wer sollte jemand daran hindern? Man hätte es ja anders machen können ... Wer nur redet, ist fein raus. Nur der Handelnde, nur der, der einen Weg geht, kann sich verlaufen; nur wer eine Entscheidung trifft, kann dafür zur Rechenschaft gezogen werden.

Das ist ein Grund, warum das Lehrersein ein harter Job ist. Die Rolle des Chefs, des Spielleiters ist kein leichtes Unterfangen. Stets muss eine Entscheidung getroffen werden, stets kann man dafür „schuldig“ gesprochen werden. Und da das Gegenteil einer Entscheidung immer auch Stimmen findet, ist Lob *und* Tadel bei einer Entscheidung der Normalfall – und zwar egal, ob man sich für Schwarz oder Nichtschwarz entschieden hat.

Schwarz und Nichtschwarz lassen sich nicht gleichzeitig erfüllen, wie das Beispiel des Wandstreichens plausibel macht. So wie im Unterricht Gruppenarbeit und Einzelarbeit nicht gleichzeitig durchgeführt werden können – das „verbietet" das Handeln.

Was tun? Zeitliche Oszillation ermöglicht beide Werte, Schwarz und Nicht-Schwarz, einzusetzen, in einem zeitlichen Nacheinander. Die zeitliche Dynamik ist durch eine s-förmige Linie dargestellt. Beide Werte bedingen und wechseln sich gegenseitig ab. Der eine wächst heran, wird größer und größer; und wenn er „ausgewachsen" ist, entsteht im Höhepunkt der Gegenwert, der wieder heranwächst, in den Vordergrund kommt, um schließlich dem anderen wieder Platz zu machen.

Kunst entsteht in dieser Polarität. Ein Bild braucht den Kontrast, es braucht die starke Linie ebenso wie die zarte. Die suchende wie die klare. Dasselbe gilt für Unterricht.

Paradoxieentfaltung

Unterrichten ist eine Kunst, Unterrichtsgestaltung ein Kunstwerk. Stets ist auch das Gegenteil richtig. Es gibt Stellen, an denen es wichtig ist, dass der Unterricht langsam ist, wo das Exemplarische im Vordergrund stehen soll. Mut zur Langsamkeit! Mut zur Gründlichkeit!

Und dann wieder braucht es das Gegenteil, den schnellen Überblick, die Geschwindigkeit. Das betrifft nicht nur Unterricht, das betrifft das Lebendige an sich. Stets ist das Gegenteil ebenfalls eine mögliche Perspektive, eine Art, die Sache anzuschauen. In Vorlesungen, in Momenten der scheinbaren „Einfachheit“, irritierte ich meine Studenten mit dem Satz: „Und vergessen Sie nicht, dass das Gegenteil ebenfalls richtig ist.“

Die Frage, ob Gruppenarbeit oder Einzelarbeit besser ist, ergibt wenig Sinn. Ebenso wenig wie die Frage danach, ob Einatmen oder Ausatmen besser ist. Es braucht beides. Aber es braucht keinen Mischmasch. Der Kompromiss aus Schwarz und Weiß ergibt weder Schwarz noch Weiß. Im schmutzigen Grau verwischen die Konturen, die Strukturen, die ursprünglichen Werte.

Ein bisschen einatmen und ein bisschen ausatmen macht krank. Tiefes Ein- und Ausatmen ist gesundes Atmen. Ein „bisschen Struktur“ im Unterricht, ein „bisschen Freiheit“ ergibt wenig Sinn. Es ist das eine, wie auch das andere richtig. Ein paradoxer Zustand, ein dynamischer Zustand.

Ein Regenbogen entsteht durch Sonne *und* Regen – und zwar beides in seiner reinen Form. Ansonsten gibt es einen grautrüben Tag. Würde nur die Sonne scheinen, so würde die Erde vertrocknen, würde es nur regnen, dann gäbe es eine Überschwemmung. In beiden Fällen käme es zu einer Entwertung der Werte „Sonne“ und „Regen“. Schultz von Thun spricht in diesem Zusammenhang von „Regenbogenqualität“, die entsteht, wenn beide Werte zusammenspielen. Im religiösen Kontext symbolisiert der Regenbogen die Nähe Gottes. Das Eine ist im Anderen enthalten. Es ist kein Mischmasch. Das ist der Unterschied zwischen Kompromiss und Konsens.

Bei jedem Streit stehen sich zwei Werte gegenüber, sonst könnte gar nicht gestritten werden. Das Paradoxe ist der Normalfall. Wenn der Streit dazu führt, dass eine Seite, ein Wert die Oberhand gewinnt und der zugehörige Gegenwert vollständig unterdrückt und verdrängt wird, dann verkommt der, der die Oberhand hat, zum Unwert. Das zeigt, dass Streiten eine hohe Kunst ist. Krach schlagen kann jeder, aber eine Streitkultur zu pflegen, die zu Erkenntnis führt, die aus verschiedenen Sichtweisen einen Konsens ermöglicht, ist eine Annäherung an Wahrheit. Wahrheit beginnt bei Zweien!

In der Kunst des Unterrichtens sind die beiden Werte Freiheit und Struktur von zentraler Bedeutung. Ohne einen Funken Struktur endet Freiheit im Chaos, ohne einen Funken Freiheit wird Struktur zum Zwang.

Freiheit – Struktur
| |
Chaos, Willkür – Zwang, Starre

Jeder Wert hat seinen Gegenwert. Jeder Wert existiert nur durch seinen Gegenwert. Es ist eine denkbar schlechte Idee, einen Wert zu eliminieren, sonst wird der andere Wert entwertet.

Wir versuchen das Paradoxe sprachlich einzufangen, indem wir beispielsweise von einer „sanften Strenge“ oder einer „Stetigkeit im Wandel“ sprechen. Die Kunst zu unterrichten ist nichts anderes als Paradoxieentfaltung. So ist es gut, nicht zu vergessen, dass das Gegenteil auch richtig ist.

Maschinelle Erkenntnis?

Das Digitale ist auf dem Vormarsch. „0 oder 1“. Zwei Zustände können generiert werden. Licht an, Licht aus.

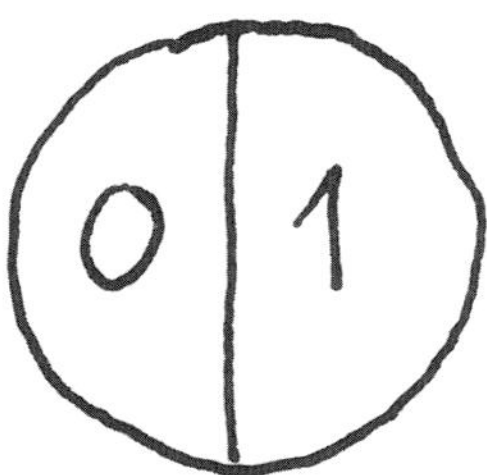

Moderne Maschinen unterscheiden mit Nullen und Einsen. In der Praxis liegt entweder eine Spannung („1“) oder keine Spannung („0“) an. Ob nun zwischen Schwarz und Nicht-Schwarz oder zwischen Spannung und keiner Spannung unterschieden wird, macht prinzipiell keinen Unterschied.

Und doch scheint der Umgang mit dem Paradoxen dem Menschen vorbehalten zu sein. Dass das Gegenteil ebenfalls „richtig“ sein kann, lässt sich schwer einer künstlichen Intelligenz nahebringen. Es geht darum, die „1“ in der „0“ und die „0“ in der „1“ zu denken.

Jeder, der schon einmal mit Menschen zu tun hatte, jeder der unterrichtet, weiß, dass es sinnvoll sein kann, fünf gerade sein zu lassen. Bei sozialen Systemen kann es Situationen geben, in denen 2 + 2 = 5 richtig ist! Kunst steht jenseits der binären Logik. Kunst besitzt die Möglichkeit, das Paradoxe zu überwinden.

Maschinen „lernen“ von Tag zu Tag dazu. Schon länger können sie besser Schach und Go spielen als der Mensch. Heute können Sie autonom Auto fahren und Operationen durchführen. In einigen Jahren werden Maschinen alle möglichen Daten zuverlässiger bearbeiten können als der Mensch. Maschinen sind „intelligenter“ und schneller. Mehr denn je stellt sich die Frage, was wir unseren Kindern nahebringen sollen. Was sollen wir sie lehren?

Genau das, was Maschinen nicht können: Ästhetik, Kreativität, Malen und Zeichnen, Teamgeist, Mitgefühl, auf den anderen eingehen, Vertrauen entwickeln.[3] Jack Ma fügt hinzu: *„Alles was wir lehren, muss sich von Maschinen unterscheiden. Wenn es Maschinen besser können, müssen wir nochmals darüber nachdenken.“*

3 Konkrete unterrichtliche Vorschläge finden Sie in Martin Kramer: *Teamwork, Empathie, unabhängiges Denken – Was Schüler für morgen brauchen und wie es sich heute unterrichten lässt*, Klett Kallmeyer 2021.

Moderner, alter Bleistift – Konstruktion innerer Bilder

„Ach, das geht nur von Hand!" – Ja, es geht *nur* von Hand. Gerade wollte ich weiterschreiben, direkt in das digitale Manuskript, aber ich habe es mir zur Regel gemacht, dass ich alles zuerst händisch aufschreibe. Das Kratzen der Feder auf dem Papier erzeugt einen anderen Text. Das weiß jeder, der schon einmal von Hand geschrieben hat.

Mit dem Verhältnis zwischen Tinte und Tastatur ist es ein bisschen so wie mit Zeichnen und Fotografieren.[4] Gestern hatte ich figürliches Zeichnen bei Thomas Heger. Er meinte, dass das Foto zur Nachfolge auffordere, die Realität hingegen zur Interpretation.

Es scheint, dass der Mensch des 21. Jahrhunderts glaubt, dass sich die Handschrift überdauert hat, dass sich in der „Internetzeit" das Kritzeln auf dem Papier überlebt hat. Inzwischen gehen „Aufzeichnungen" schneller mit der Maschine. Aber was genau geht schneller? Als Didaktiker bin ich an der Konstruktion von Wissen interessiert, an der Erzeugung innerer Vorstellungen und innerer Bilder.

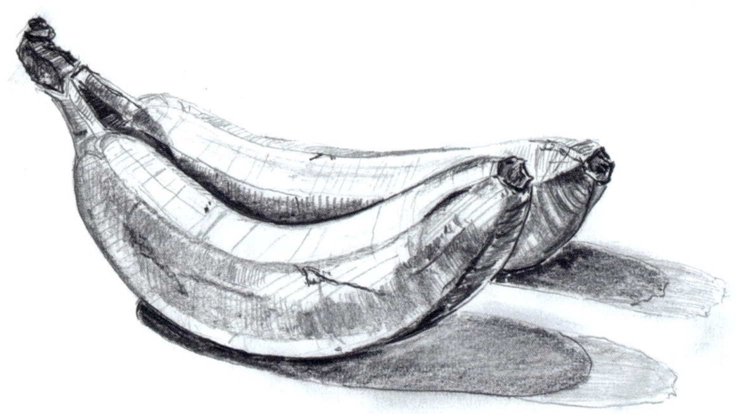

19|3|21

4 Vgl. den Abschnitt 1.3 *Inneres Lernverständnis.*

Das Abzeichnen von Fotos fordert den Künstler zum Nachfolgen und nicht zur Interpretation auf, wie das Schulbuch Lehrer und Schüler zum Nachfolgen auffordert. Ein Foto ist ein Abbild von der Realität, und so erzeugen wir, wenn wir ein Foto abzeichnen, ein Abbild vom Abbild der Realität. Wir interpretieren eine Interpretation, eine „Aufzeichnung" der Kamera.

Hingegen fordert und fördert die Begegnung mit dem realen Gegenstand untrüglich die eigene Konstruktion. So wird mit dem Konstruktivismus der Zeichenstift wieder ein sehr modernes Werkzeug. Wir müssen, um zu verstehen, um ein inneres Bild von der Welt zu erhalten, die Dinge eigenständig konstruieren. Wir wissen heute, dass unser Gehirn autonom arbeitet, es gibt keine direkte Schnittstelle nach außen. Ist man an der inneren Entwicklung interessiert, an der Bildung von Synapsenverbindungen im Gehirn, am Erkennen, an Erkenntnis, an Bildung überhaupt – dann ist der Zeichenstift wesentlich schneller als die Maschine, schneller als die Kamera. Ja, ein Klick auf den Auslöser und das Bild ist gemacht – aber wo ist das Bild? Es ist „nur" im Außen, nicht in unserem Kopf.

Das Zeicheninstitut an der Universität Tübingen, wo ich einzelne Kurse wie Aktzeichnen und Portraitzeichnen besuche, gibt es nicht um der Kunst willen. Das Zeicheninstitut wurde für die Naturwissenschaften geschaffen. Biologen lernten dort das abzuzeichnen, was sie unter dem Mikroskop gesehen haben, um zu „erkennen". Mediziner lernten den Muskelaufbau zu skizzieren, um zu „begreifen".

Heute wird die Idee des eigenen Zeichnens für Erkenntnisgewinnung als Umweg behandelt. Das Foto scheint schneller und auch „objektiver" zu sein. Aber die Kamera kann kein Verstehen, kein Begreifen von Form entstehen lassen. Sie schafft nur äußere Abbilder, keine inneren Bilder, kein Wissen. So entsteht, trotz der zahlreichen und modernen Möglichkeiten der Kopie, eine geistige Leere. Die Außenwelt ist voll von digitalen Kopien, die Innenwelt ist im wahrsten Sinne des Wortes „sinnentleert", denn wir können ausschließlich über unsere Sinne die Welt „begreifen". Und das Moderne hat leider die Tendenz zur Entfremdung. Ein Fernseher-Lagerfeuer ist kein Lagerfeuer! Wer sich nur abstrakt mit den Dingen beschäftigt, für den bleiben die Dinge „unbegreiflich".

Klick oder Konstruktion?

Angenommen, Sie haben einen komplizierten Knochenbruch. Von welchem Arzt würden Sie sich lieber operieren lassen: Von dem, der im Studium die Knochen des menschlichen Körpers fotografiert hat oder von dem, der sie gezeichnet hat?

Eine Gefahr der digitalen Versuchung: Nur ein Klick und das Bild ist fertig. Fotografieren geht viel schneller als zeichnen. Aber was genau geht schneller? Die Herstellung des Bildes beschleunigt sich und nicht das Begreifen der Form und der Dimension des Knochens. Bei der Operation geht es nicht um das äußere Bild, sondern um das innere im Kopf des Arztes. Der bessere Arzt ist der, der die Form besser verstanden hat und nicht der, der das bessere Foto auf einem Datenträger besitzt.

Fertig und vollständig

Der Bleistift ist ein Werkzeug zum Erfassen des Gegenstandes. Der Geist tastet mit der Spitze das Objekt ab und hinterlässt Spuren der Beobachtung. Wenn Sie die Gegenüberstellung von Foto und Zeichnung betrachten, dann sehen Sie, was ich wahrgenommen habe.

Während die Kamera einfach alles Licht einfängt und auf einer fotoempfindlichen Schicht speichert, sind Zeichnungen nicht vollständig. Häufig fehlt der Hintergrund oder ist nur angedeutet, einige Dinge sind mehr, andere weniger ausgearbeitet. Vollständigkeit ist auch nicht das Ziel einer Zeichnung. Vielmehr geht es darum, das Wesentliche zu erfassen. Allgemeiner formuliert: Ziel des Lernens ist nicht Vollständigkeit. „Vollständigkeit" ist immer von einer äußeren Instanz definiert, die definiert, was vollständig sein soll. Vollständigkeit ist ein technischer Begriff und lässt sich nicht wirklich auf inneres Wachstum anwenden. Wann ist ein Baum vollständig? Ist er irgendwann „fertig"? Ausgewachsen wäre ein passenderer Begriff. Wann ist Wissen ausgewachsen?

Fertig mit dem Verstehen von Form werde ich nie sein. Wie auch niemand mit dem Erlernen eines Instrumentes, der Mathematik oder dem Schreiben „fertig" wird. An den Skizzen erkenne ich, wie sich meine Wahrnehmung verändert und geschärft hat. Mit der Zeit, mit dem ständigen Umgang, verbessert sich die Beobachtung. Die Zeichnungen werden plastischer, ausgewogener, stimmiger.

Wenn Schüler ein Experiment abzeichnen, dann müssen sie abstrahieren und sich auf das Wesentliche beschränken. Ein Beispiel aus dem Unterricht: Aufgebaut ist eine Scheibe mit den Farben Rot, Grün und Blau. Wird die Scheibe in Rotation versetzt vermischen sich die Farben zu einem weißen Farbeindruck. Die jungen Geister zeichnen zu Beginn des Physikunterrichts alles Denkbare ab: Den Motor, der die Farbscheibe antreibt, die Beleuchtung der Versuchsanordnung, den Experimentiertisch, die Tafel im Hintergrund, manche sogar den Lehrer. Mit der Zeit lernen die Schüler, auf was es ankommt. Die Skizzen reduzieren sich immer mehr auf das Wesentliche. Vieles wird weggelassen, anderes detailreicher dargestellt. Ein Klick einer Kamera kann diese Reduktion und Konstruktion nicht leisten.

Ich zeichne jeden Morgen, mein Tag beginnt mit Papier und Bleistift. Wieder und wieder versuche ich mich an denselben Objekten, mit der Zeit erfasse ich die Form besser. Wenn ich aktuelle mit früheren Skizzen vergleiche, sehe ich, dass ich die Form besser verstanden habe. Wie ich es genau gelernt habe, das weiß ich nicht, aber es hängt mit dem intensiven Kontakt, mit dem immer wieder neuem Versuchen zusammen.

Die folgenden Bilder zeigen Fotos und Skizzen nebeneinander. Eine Dopplung, die keine ist. Manche halten das Foto für das „richtige“ Abbild und vergleichen, indem sie das Foto als Maßstab nehmen, ohne darüber nachzudenken, warum es „richtig“ sein soll. Aber es sind lediglich zwei Abbildungen dargestellt. Einmal hat das Licht gezeichnet, das andere Mal ich. Einmal erfahren sie mehr über das Licht, das andere Mal mehr über mich.

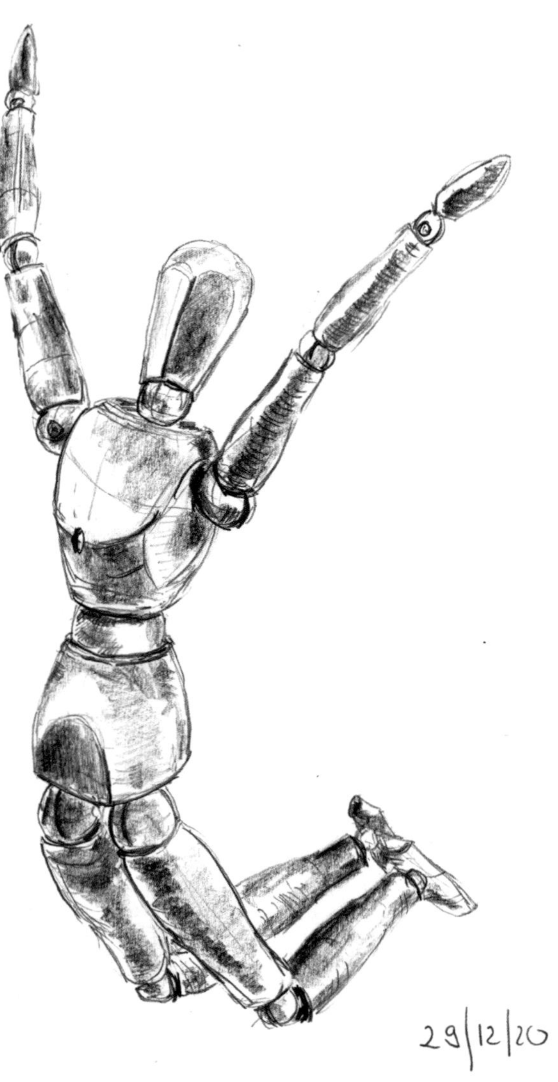
29/12/20

NUÑEZ DE PRADO
FLOR DE ACEITE
Extracción en frío
CAAE
500 ML

30/12/20

28/12/20

10/1/21

15|1|21

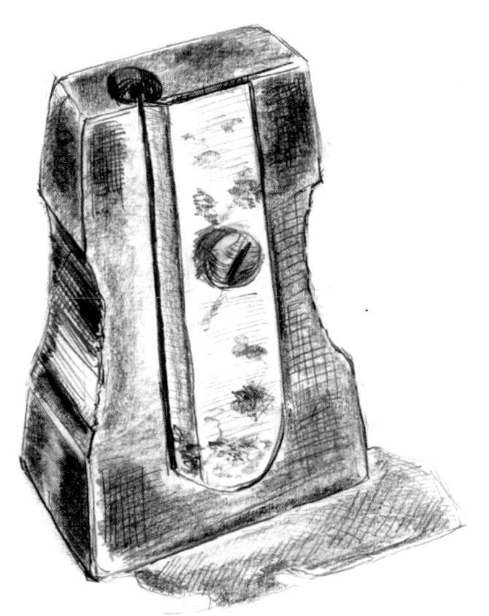

16|1|21

Kopie und reale Erfahrung

Man könnte im ersten Moment glauben, dass man ebenso gut von einem Foto abzeichnen könnte, dass das reale Modell oder Phänomen nicht zur Konstruktion gebraucht wird. Aber es ist viel schwerer. Ein Gegenstand auf einem Foto lässt sich nicht „erfassen". Der Lernende konstruiert nicht vom Objekt, sondern von einer (fotografischen) Kopie. Versuchen Sie es: Zeichnen Sie ein Objekt ab und machen sie ein Foto. Zeichnen Sie anschließend das Foto ab. Die Zeichnung vom Foto zeigt etwas anderes. Es zeigt die Konstruktion von einem Foto und nicht die Konstruktion vom Original. Darum ist es wichtig, dass die Schüler die Dinge unmittelbar erleben und nicht nur medial mittels Fotos und Films vorgeführt bekommen. Immer häufiger werden reale Experimente durch Lehrfilme ersetzt. Was passiert, wenn Lernende nicht mehr unmittelbar auf das Phänomen schauen? Sie sehen die Dinge nicht aus eigener, sondern aus einer vorgegebenen Perspektive. Sie sehen das, was sie sehen „sollen" und nicht das, was da ist. Das ist ein gewaltiger Unterschied, der immer weniger gesehen wird. Das Unmittelbare benötigt kein Medium.

Jeder Schüler konstruiert individuell. Zeichnen alle Schüler denselben Versuch ab, entstehen keine zwei gleichen Bilder. Ebenso ist es beim Aufbau von Synapsenverbindungen, dem Lernen. Bei jedem Schüler feuern beim Beobachten und bei der internen Konstruktion andere Neuronen.

Das ist ganz konkret gemeint: Wenn zwei Schüler dasselbe Experiment beobachten, ist die Geometrie der beteiligten Neuronen verschieden. Beim Klick mit der Kamera feuert nicht viel. Mit anderen Worten: Lernen ist individuell und kennt keine Kopie. Man kann Fotos kopieren, aber nicht „begreifen".

Lernen kennt keine Kopie

Die Gefahr der digitalen Versuchung ist groß: Wer an dem Produkt „Bild" interessiert ist, für den ist der Bleistift eine veraltete Technik und er kann schwer verstehen, dass es immer noch Menschen gibt, die auf die Abbildungstechnik „Zeichnen" zurückgreifen. Wer jedoch am Lernen interessiert ist, an der Geschwindigkeit in der neue Synapsenverbindungen entstehen, der fragt sich zu Recht, wo denn der Vorteil beim Abknipsen sein soll? Wer vor einer Operation steht, der wünscht sich den Arzt, der die Form verstanden hat, den Zeichner.

Ich fürchte, dass der Grund für das immer häufigere Weglassen des realen Erlebens in der Bildung in der digitalen Versuchung liegt: Das reale Begreifen, die reale Begegnung, die individuelle Konstruktion lässt sich nicht kopieren, Bilder und Filme hingegen sehr einfach.

Neue Wege

Wenn Du einen anderen Weg gehen willst, wenn Du etwas verändern willst oder wenn Du Neues schaffen willst, dann hüte Dich davor, das Gegenteil zu machen. Das Gegenteil ist kein neuer Weg. Wenn alles ins Gegenteil verkehrt wird, dann bleibt die Struktur erhalten.

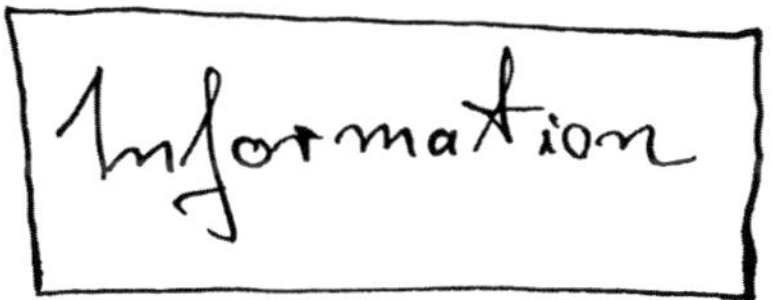

Schwarz wird zu Weiß und Weiß zu Schwarz. Bei der Kontrastumkehr tauschen Gut und Böse die Rollen, aber das Kriegsgeschehen bleibt.

Neues erschafft neue Struktur. Anderes erschafft andere Struktur. Wer nach neuen Strukturen sucht, der schaue am besten nicht auf das Alte. Wer auf das Alte blickt, orientiert sich auch an dem Alten. Die Gefahr ist groß, dass die Struktur der Beziehungen, die Architektur der Relationen, die Komposition erhalten bleibt. Schauen Sie nicht auf das, was Sie vermeiden möchten, sondern auf das, was Sie tun wollen. Der Blick darauf, was nicht getan werden soll, führt ins Nichts. Wenn Sie beim Autofahren auf die Bordsteinkante schauen, dann fahren Sie dagegen. Schauen Sie besser dahin, wo Sie hinmöchten.

Es gibt keinen Algorithmus, um Altes in Neues zu verwandeln. Neues muss wachsen. Es ist gut, nach vorn zu blicken, weiterzugehen. Wachstum strebt zum Licht hin und versucht nicht dem Schatten oder Bordsteinkanten auszuweichen.

Wenn Sie Unterricht oder Schule verändern wollen, dann machen Sie etwas Neues und nicht das Gegenteil des Bestehenden.

5|5|21

BEZIEHUNG

„Einfach" zeichnen

Tesfaye hat recht. Ein weißes Blatt Papier ist eine Herausforderung. Versuche einmal, auf einem weißen Blatt eine Linie, einen Strich zu machen, ohne die Befürchtung, etwas falsch zu machen, ohne gleich zu bewerten. Einfach zu machen, nur zu machen – ohne Bewertung. Besser und leichter ist es, auf einer alten Zeitung mit Bleistift zu kritzeln. Alles, was gezeichnet und hergestellt wird, wird hinterher weggeworfen. Nichts für die Dauer, nichts für die Ewigkeit. Nur der Moment, der Augenblick zählt, ist da, ist gegenwärtig. Der Stift gleitet über das Papier und zeichnet eine Linie, und ich beobachte dabei meine eigene Hand, wie sie eine Linie entstehen lässt.

Der erste Tag im zweiten Semester: Malerei bei Tesfaye. Es geht in diesem Semester darum, ein Projekt, ein eigenes Projekt zu machen. Was entsteht, soll ausgestellt werden. Ein Konzept, eine Form soll herausgefunden und herausgearbeitet werden. Das Thema der Ausstellung in drei Monaten ist *Bewegung*. Aber wir sollen noch nicht daran denken, erst einmal nicht, heute nicht. Die Aufgabe im Hier und Jetzt ist einfach zu zeichnen. Und zwar ohne Unterbrechung, ohne ein Absetzen, ohne ein Aufhören, ohne einen Bruch. Nur Fließen, Weitergehen, Zeichnen, Linien entstehen lassen um der Linien willen. Der Prozess selbst soll führen, nur der Prozess. Daher keine Tusche, kein Pinsel, sondern nur mit etwas, mit dem man ohne Unterbrechung arbeiten kann.

Ich blicke mich um und betrachte meine Kommilitonen. Jeder kritzelt, schwingt Linien, setzt Striche aneinander. Eine Studentin kommt verspätet in den Raum und meint, dass es hier wie im Kindergarten aussehe. Fast wirkt sie beschämt, so etwas gesagt zu haben. Kindergarten statt Studium! Aber sie hat sehr recht. Es fühlt sich kindlich an. Lange habe ich nicht mehr so gezeichnet. Ohne Anspruch, etwas zu tun, einfach so. Nicht daran zu denken, wie andere darüber denken. „Man kann auch schwere Dinge leicht angehen", höre ich Tesfaye im Hintergrund sagen.

Die ganze Übung geht vier Stunden lang. Ich habe das Gefühl, in einem Zen-Kloster zu sitzen und das Klatschen mit einer Hand zu üben oder die Aufgabe zu bewältigen, wie die Gans in die Flasche gekommen ist. Jenseits der Logik. Aus dem Kopf herauskommen! Diese Leichtigkeit soll während des ganzen Projektes erhalten bleiben. „Das ist ganz wichtig", so Tesfaye, „Du musst frei von der Wirkung anderer sein, während Du arbeitest". Er erzählt ein Gleichnis: „Du beginnst in deinem Atelier ein neues Bild. Zuerst sind Freunde, Bekannte, Aussteller mit im Raum deiner Gedanken. Aber nach und nach verlassen sie

Dich. Später bist Du mit deinem Bild allein. Schließlich verlässt Du ebenfalls das Atelier. Und dann beobachtest Du das Entfalten des Bildes, welches Du selbst zeichnest. Du wirst zur schaffenden Umgebung des Bildes. Nicht Du zeichnest oder malst, sondern es fließt aus Dir heraus, nimmt Form und Farbe auf der Leinwand an. Es gestaltet sich von selbst."

Tesfaye erzählt von Kindern. Sie zeichnen, bis sie ungefähr zehn, elf oder zwölf Jahre alt sind. Dann hören sie auf. Aber nicht, weil sie keine Lust mehr haben, sondern weil sie denken, dass sie zu schlecht sind, dass es nicht genügt, dass es nicht „gut aussieht" – sie beginnen mit dem Bewerten. Andere sagen etwas zu ihrem Werk, oft um zu helfen: „Zu groß, zu klein, zu wenig, zu viel, ...". Jeder hat etwas zu sagen, zu kommentieren, zu bemerken, anzumerken. Und dann hören die jungen Geister auf zu zeichnen.

Wir gehen mit uns selbst nicht anders um. Allen von uns ergeht es so: Wir kommentieren ständig das, was wir tun. Wir bewerten, fragen uns, wie es auf andere wirkt. Es ist sehr schwer, „einfach so" zu zeichnen. Daher ist Tesfayes Übung schwer. Und daher ist es einfacher, auf altem Zeitungspapier zu zeichnen. Da gibt es keine Angst vor einem Kommentar. Es ist ja offensichtlich, dass die Produkte nicht ausgestellt werden.

Schaffensraum

Häufig wird Kunst vom Produkt aus betrachtet. Intelligente Menschen wissen viel Intelligentes darüber zu sagen. Fertige Gemälde werden in Galerien und Messen ausgestellt, zum Verkauf angeboten und kunsthistorisch eingeordnet. Das Fertige. Der Prozess selbst ist hingegen nicht sichtbar, nur erlebbar. Ein

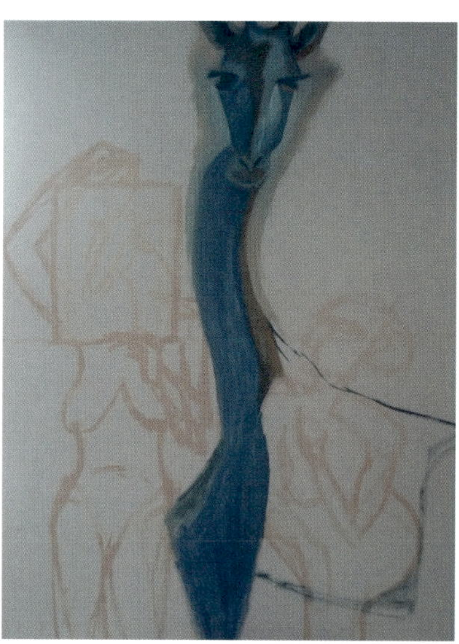

paar Künstler versuchen es trotzdem. Sie möchten die Genese des Bildes zeigen. Mit Fotos werden verschiedene Zustände des entstehenden Werkes festgehalten, ein Versuch, einen Prozess zu bewahren. An sich ein Widerspruch.

Der Prozess. Es wäre schade, diesen Prozess des Schaffens nicht mitzubekommen, nicht bewusst zu erleben. Es wäre schade, wenn es nur um das Ergebnis ginge, wenn der Pinselstrich, die Lust und die Freude am Führen des Pinsels verloren gingen. Hier lebt und atmet der Künstler, hier ist sein Schaffensraum, sein Gestaltungsraum, sein Raum. Was für eine Vorstellung, wenn gar nicht mehr gelebt, sondern nur produziert werden würde. Das Ergebnis wäre nicht Teil von ihm, sondern lediglich sein Produkt.

Möchte man die Werte eines Systems verstehen, dann schaue man auf dessen Art der Bewertung. Was wird bewertet? Was wird betrachtet? Was liegt im Fokus? Was ist die Perspektive? Wie und wann wird bewertet? Wie setzt sich in der schulischen Wirklichkeit eine Deutsch- oder Mathematiknote zusammen?

Die meisten Noten werden über fertige Produkte wie Klassenarbeiten erzeugt. In der Regel wird nicht die Handlung, sondern das Ergebnis einer Handlung bewertet. Vielleicht liegt es daran, dass Prozessorientierung mehr Zeit beansprucht, subjektiver erscheint und schwerer mitteilbar ist. Wir sind so daran gewöhnt, dass wir gar nicht darüber verwundert sind oder darüber erschrecken, dass für gewöhnlich ein Produkt bewertet wird, während das Leben im Prozess stattfindet, beim Ein- und Ausatmen im Hier und Jetzt.

Komposition

Die wesentlichen Dinge, die ich im Kunststudium lerne, die in der Kunst gesagt werden, verwehen leicht und verwaschen schnell. Oft erscheint nur einen Tag später das Wesentliche als banale Tatsache. Ich glaube, es liegt daran, weil die Dinge so selbstverständlich und unmittelbar erscheinen. Sie sind so vertraut, dass ich oft nicht willens bin, einen Stift herauszuholen, um etwas zu notieren. Und so muss ich mich selbst wieder und wieder zur Feder zwingen, um grundlegende Dinge aufzuschreiben, die im Jetzt so klar erscheinen, dass sie kaum beachtet werden und sich in wenigen Stunden verflüchtigt haben. Ich denke beim Schreiben an die „Kunst zu unterrichten"– und ich bin erschrocken darüber, wie wenig dem Selbstverständlichen in der Schule Raum gegeben wird.

Wer zeichnet, oder allgemeiner, wer gestaltet, braucht ein Format zur Gestaltung. Es geht nicht anders. Sobald der Stift auf das Papier trifft, gibt es eine Umgebung. Derselbe Strich an einer anderen Stelle ist nicht mehr derselbe Strich. Derselbe Strich in einem anderen Format ist nicht mehr derselbe.

Komposition ist Gestaltung. Wie gestaltet man eine Unterrichtsstunde? Meist wird beim Zeichnen das Format, der Rahmen nicht mitgedacht. So ergeht es zumindest dem Anfänger. Man zeichnet eine Figur und fragt sich hinterher, was man mit dem Rest der Leinwand machen soll, wie man diese am besten füllt? Wie füllt man eine leere Wohnung? Welchen Ausschnitt wählt man für eine Zeichnung?

Balance

Tesfaye zeigt uns ein Bild. Es besteht aus einem schwarzen Punkt auf einem weißen quadratischen Blatt.

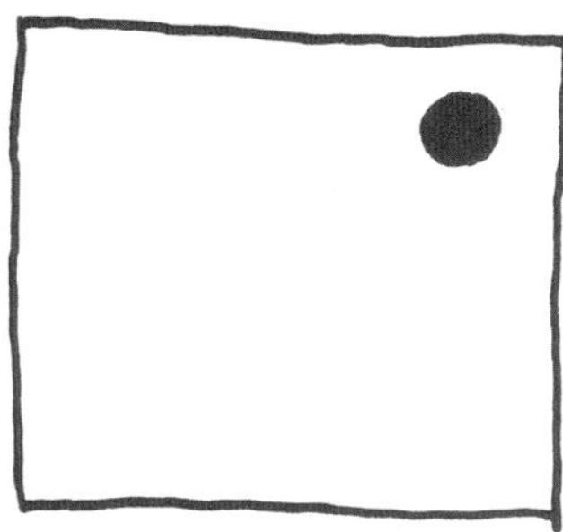

Jeder fühlt es: Den Punkt rechts oben zieht es in die Mitte. Es entsteht eine Spannung, das Bild ist unruhig. Wird derselbe Punkt in die Mitte gesetzt, entsteht Ruhe. Symmetrie entspannt und sorgt für Stabilität, aber das Bild wird auch langweilig. Es hat keine Bewegung mehr, der Punkt will nirgendwo hin.

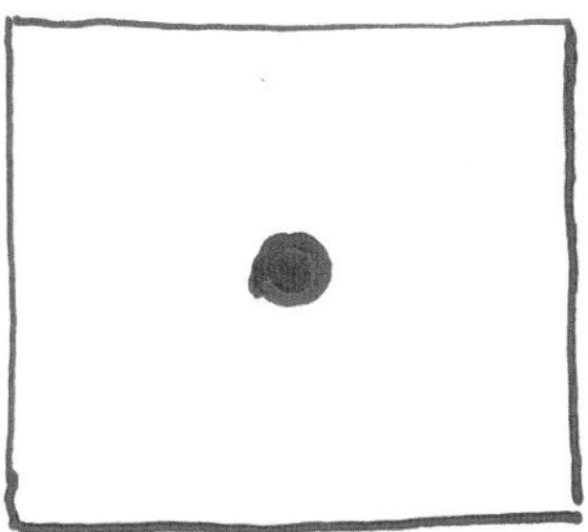

Man kann darüber diskutieren, ob Kunst gefallen soll – aber sicherlich darf weder Kunst noch Unterricht langweilig sein. Auch mit zwei Punkten in der Mitte bleibt es unspektakulär:

Es liegt nicht an der Menge. Mehr Punkte, mehr Tusche auf dem Blatt bringen nichts, es geht nicht um die „Stoffmenge" an sich, sondern um deren Anordnung, um Komposition. Langsam erahne ich die Tragweite. Für die Kunst, aber auch für die „Kunst der Lebensgestaltung" überhaupt. Was ich hier direkt vor mir sehe, bezieht sich ebenso auf Musik, auf zeitliche Rahmen, auf Unterricht, auf jegliche Art der Gestaltung. Kurz zusammengefasst: Komposition ist die Lehre von Beziehungen. Auf diese kommt es an. Und Leben ist Beziehung.

Um der Langeweile zu entgehen, sehen wir uns asymmetrische Kompositionen an:

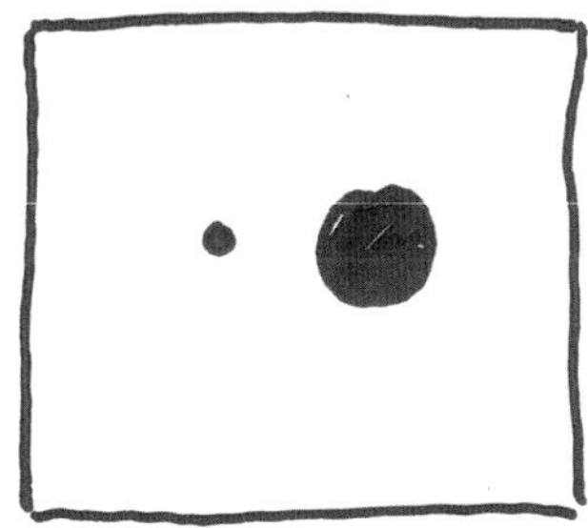

Ergebnis: Das Bild „kippt" nach rechts. Große Objekte verbinden Beobachter mit großer Masse. Also ist das Bild rechts schwerer. Der kleine Punkt schafft den Ausgleich nicht. Er muss weiter nach links, um – wie bei einem Hebel – eine größere Wirkung zu erzielen.

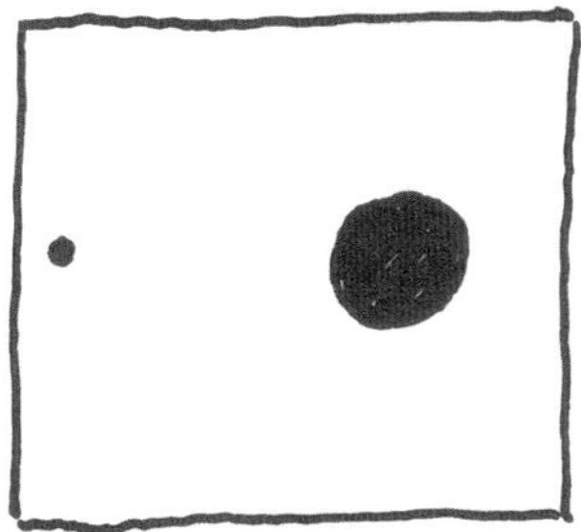

Das ist besser. Die Spannung bleibt erhalten, obwohl das Bild ausbalanciert ist. Ein neuer Begriff: Statt um Symmetrie geht es um Balance, um Ausgeglichenheit. Wie bei einer Wippe halten sich die Gewichte im Gleichgewicht.

Eine Studentin fragt, ob es das Ziel sei, für Ausgeglichenheit zu sorgen. Tesfaye verneint. Es geht um das Wissen der Wirkung. Wenn man Unruhe und Instabilität erzeugen möchte, dann kann die Vermeidung von Balance durchaus sinnvoll sein.

Jedoch sollte man als Gestalter, als Künstler wissen, was man will. Es gibt gewisse Regeln, denen sich Beobachter bewusst oder unbewusst unterwerfen. Größe bedeutet nicht automatisch Schwere. Es kommt auch auf die Helligkeit an. Helle Gegenstände sind leicht. Zumindest für den Betrachter. Wolken, Fe-

dern, und Schnee sind leicht, Erde und Steine schwer. Das obere Bild ist nicht ausgeglichen, es kippt nach rechts, das nachfolgende ist in Balance.

Richtung

Man kann Objekten eine Richtung geben, das heißt, man kann das Auge des Betrachters zwingen einer bestimmten Richtung zu folgen. Tesfaye meint, dass wenn man eine Schnur an der Türklinke befestigt, quer durch den Raum zieht und an der Wand befestigt, dann kann der Beobachter nicht anders, als der Schnur mit den Augen zu folgen. Er hört nicht auf halbem Wege auf.

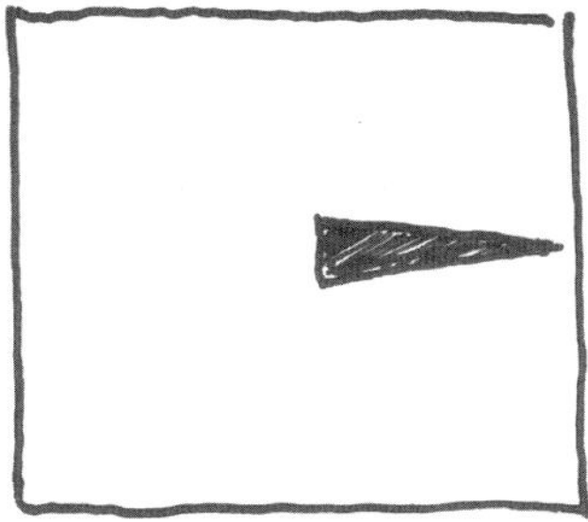

Die Augen wollen weiter nach rechts, aber da kommt nichts mehr. Der Beobachter fällt aus dem Bild heraus. (Bestimmt ist Ihnen schon einmal in einer Fotografie eine Person aus dem Bild gelaufen.)

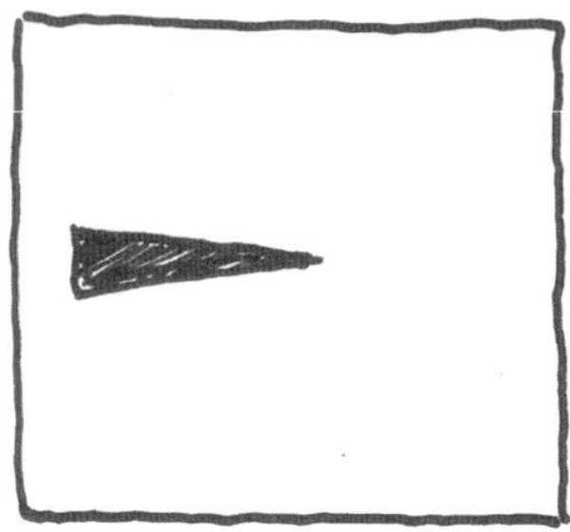

So ist es besser, zumindest, wenn man den Beobachter nicht verlieren möchte. Die Masse ist links, aber die Bewegung geht nach rechts. Es geht also nicht nur um ein statisches Gleichgewicht, sondern auch um ein dynamisches. Das Objekt verlangt Raum in der Richtung, in die es sich hinbewegen möchte. Eventuell kann trotzdem ein statisches Gleichgewicht dagegengesetzt werden:

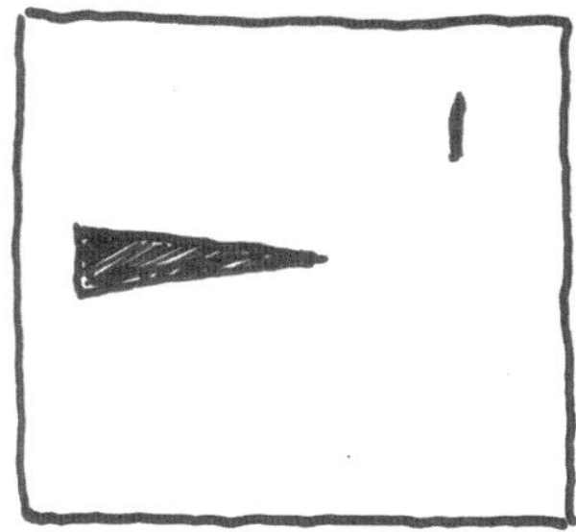

Eine Spannung entsteht. Wir verfolgen die Richtung des Dreiecks und den fallenden kurzen Strich. Kommt das Dreieck daran vorbei oder nicht? Sobald mehrere Objekte zu sehen sind, interagieren diese. Das Bild erzählt eine Geschichte.

Viele Gegenstände – Struktur im Chaos

Zeichnet man mehrere Gegenstände, fragt sich der Beobachter, wo er hinsehen soll. Was ist das wichtigste Objekt, was steht im Mittelpunkt?

Eventuell ist das kreisförmige Objekt wichtig, da es rund und daher anders ist. Weiter ist es nahe der Mitte. Aber das schwarze Quadrat ist eine Konkurrenz, es stiehlt die Aufmerksamkeit. Es wird zudem noch durch das Dreieck unterstützt, das in seine Richtung zeigt. Und schließlich will das schwarze Rechteck die ganze Zeit nach unten fallen.

Angenommen, es geht um den kreisförmigen Gegenstand. Er sei das Thema, die zentrale Aussage. Dann besteht die Idee darin, alle anderen Inhalte (die „Umwelt" des Themas) so zu platzieren, dass sie dem Wichtigen noch mehr Gewicht verleihen. Jeder weitere Gegenstand soll den Hauptgegenstand in seiner Funktion noch wichtiger machen.

Jetzt ist der kreisförmige Gegenstand im Zentrum, der schwere Block fällt nicht mehr hinunter. Die obere rechte Ecke ist wichtiger als die untere linke, obwohl beide leer sind. Das liegt am Dreiviertelkreis der sich nach rechts oben öffnet, er „blickt" quasi in diese Richtung.

In der folgenden Komposition ist alles auf den Dreiviertelkreis ausgerichtet, dort ist er noch stärker im Fokus. Die Objekte rechts oben scheinen ihn anzugreifen, der schwarze Block ist instabiler geworden.

Drei Bilder mit identischen Objekten, drei Anordnungen, drei verschiedene Wirkungen. Obwohl es immer derselbe Stoff ist. Und obwohl der Dreiviertelkreis stets an derselben Stelle ist und „nur" die Umgebung sich ändert. In dem folgenden Bild wurde auch diese Konstanz aufgebrochen. Hier ist ein anderes Thema im Fokus – bei gleichem Stoffinhalt entsteht eine andere Struktur, ein anderer Unterricht. Objekte erhalten eine neue Bedeutung. Der Dreiviertelkreis ist zum Kopf einer nach links schreitenden Figur, die einen Rucksack trägt, geworden.

Fotografieren

Was bedeutet es, wenn man sagt, dass jemand fotografieren kann? Auch ein Amateur kann Objekte ablichten. Was soll so schwer daran sein einen Auslöser zu drücken? Der Profi macht doch auch nichts anderes, oder?

Soweit es die Tätigkeit des rechten Zeigefingers betrifft, gibt es keine Unterschiede. Der Profi zeichnet sich nicht durch den Wert seiner Kamera aus, sondern dadurch, dass er die gesamte Komposition wahrnimmt, nicht nur das

Hauptobjekt. Was ist im Hintergrund? Welcher Ausschnitt passt? Wie sind Farben und Formen verteilt? Es gehört mehr dazu ein Profi zu sein, als nur das Vermeiden eines unglücklichen Abschneidens von Körperteilen. Auf den Auslöser kann jeder klicken. Aber eine Komposition in einer zufälligen Welt zu sehen und festzuhalten, das ist nicht einfach. Das macht den Meister zum Meister.

Eine kurze Anleitung zum „Gestalten von Unterricht"

Zeichne zuerst den Rahmen.

Die Größe der „Stoff-Blöcke“ entspricht der Zeit. Wichtige Themen erhalten eine höhere Bedeutsamkeit durch mehr farbliches „Gewicht“ (sie werden dunkler dargestellt). Schneiden Sie die Inhalte aus und legen Sie diese in den Rahmen (Einführung des Themas, Exkursion, Vertiefung, Klausur, ...).

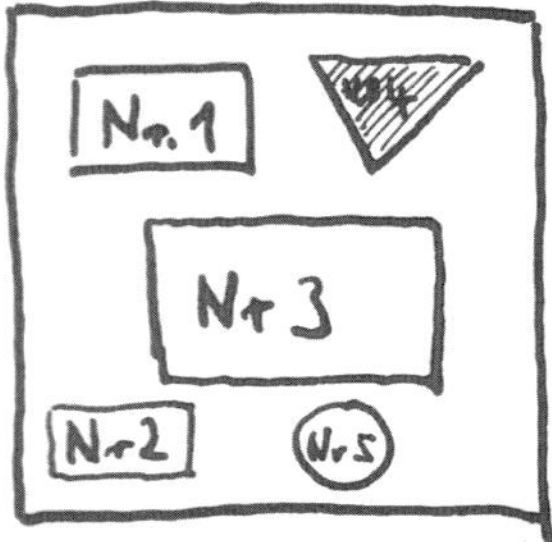

Was ist das Zentrale? Was soll in den Mittelpunkt? Es braucht eine zentrale Sache, sonst weiß der Lernende nicht, wo er hinsehen soll! Das Herz der Sache, um das, was es Ihnen in Ihrem Kunstwerk geht, sollte einen zentralen Platz bekommen und „Gewicht“ haben. Den Rest (Klausur, Exkursionen, ...) puzzeln Sie so an das Thema, dass es das Hauptthema stärkt. Bedenken Sie auch, dass die Richtung mancher Objekte sich entscheidend auf die Gesamtkomposition auswirkt.

Das Bild entspricht der „Bildungslandschaft“ des Unterrichts. Überlegen Sie sich erst jetzt, wie die Landschaft begangen werden soll. Dabei gibt es stets viele Möglichkeiten und keine zwingende Reihenfolge, jedoch ändert sich durch die Reihenfolge die Wirkung auf die Schüler. Im Folgenden sind drei verschiedene Reiserouten gezeigt. Wie bei allen Reisen können sich Route und Verweildauer an einzelnen Orten durch die Teilnehmer verändern, zumindest wenn Sie einen guten Reiseführer haben. Bei offenem sowie bei binnendifferenziertem Unterricht bestimmen die Schüler teilweise selbst, in welcher Reihenfolge und mit welcher Geschwindigkeit und mit welcher Verweildauer in den einzelnen Gebietsteilen sie sich bewegen. Das entspricht individuellem Reisen.

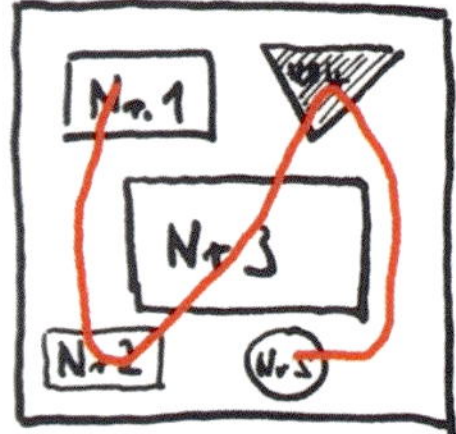

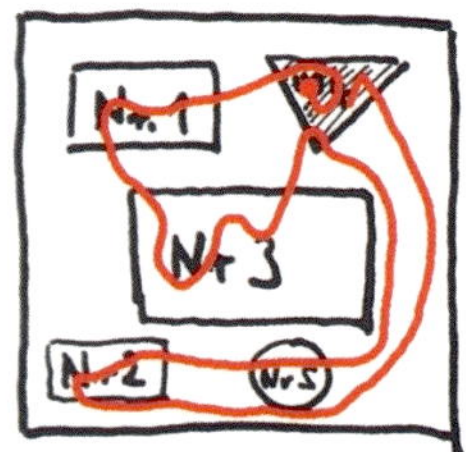

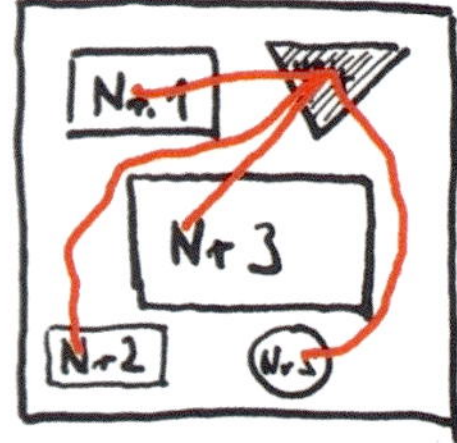

Ist ein solches Nachdenken über Unterricht umständlich? Gibt es einen geschickteren und schnelleren Weg, um Unterricht stimmig zu gestalten? Könnte man nicht einfach direkt anfangen?

Die Antworten auf diese Fragen hängen davon ab, ob Sie als Künstler oder als Mechaniker über Unterricht nachdenken. Jede Disziplin hat ihre eigenen Herausforderungen. In der Kunst besteht die erste darin, die Bedeutsamkeit und Wirkung von Komposition zu verstehen. In der Regel sehen wir erst das fertige Kunstwerk, das komponierte Musikstück und finden es, unerklärlicherweise, interessant. Wir können meist nicht sagen, warum wir es anregend finden. Häufig ahnt der Betrachter nichts von den aufwendigen Überlegungen des Künstlers. Das Einfache und das Leichte sind häufig das Ergebnis komplexer und schwieriger Überlegungen und vieler Versuche.

Komposition geht weit über die inhaltliche Betrachtung hinaus. Für alle, die sich noch nie ernsthaft mit Komposition auseinandergesetzt haben, spielen Inhalte die große Rolle. Für den, der Unterricht als Kunst betrachtet, der denkt mehr über die Form als über den Inhalt nach. Anders formuliert: Es geht um die

Beziehung zwischen den Dingen und weniger um die Dinge an sich. Und Beziehungen haben ein ästhetisches Moment, das sich fühlen lässt. Menschen können das. Maschinen tun sich naturgemäß schwer mit den Formen der Ästhetik.

Rhythmus – Freiheit und Struktur

Rhythmus. Ein weiteres Thema der Komposition. Rhythmus liegt irgendwo zwischen Muster und Chaos. Ein Muster wiederholt und wiederholt sich. Und schnell wird es langweilig wie eine Tapete, die immer wieder dieselbe Kopie zeigt.

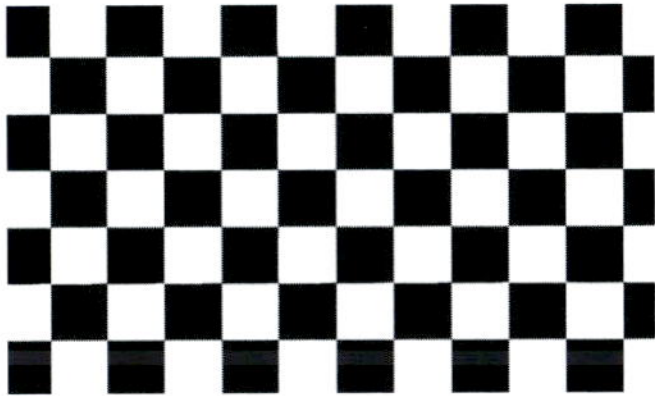

Auf der anderen Seite brauchen wir Wiederholungen, um zu erkennen. Verstehen bedeutet das Erkennen von Strukturen. Und wir brauchen zwei, drei Beispiele bzw. zwei, drei Wiederholungen, um eine Struktur überhaupt erfassen zu können. Ohne Wiederholung, ohne Regelmäßigkeit und ohne den Glauben daran, dass unsere Umwelt regelmäßig aufgebaut ist, wird es schwierig, überhaupt zu existieren. Um Prinzipien zu verstehen, müssen Muster erkannt werden. Mit nur einem einzigen Beispiel entsteht kein Muster.

Ein kleines Experiment: Angenommen, Sie sprechen nicht meine Sprache und ich möchte Ihnen etwas Bestimmtes mitteilen. Ich versuche es bildlich:

Um was geht es? Um Bäume? Um einen Wald? Um Natur?
Ein Beobachter hat noch keine Chance, um meine Botschaft herauszufinden. Er hängt am konkreten Beispiel und es braucht mehrere Beispiele, um das Konkrete abzustreifen.

Erst wenn Sie mehrere konkrete Beispiele sehen, können sie ein Muster erkennen:

Jetzt erst haben Sie eine Chance, die Mitteilung zu verstehen. Ich wollte in Ihnen ohne Worte die Idee der „2" entstehen lassen.

In einem Bild ohne Wiederholungen ist der Betrachter irritiert. Es gibt keine Muster, nichts, woran sich der Geist festhalten kann. Ohne Struktur steht man einem Chaos gegenüber.

Wir suchen stets nach Ordnung, nach Struktur, nach irgendeiner Form von Symmetrie. Wenn Sie lange genug auf das obige Tuschegekritzel schauen, dann finden Sie sicherlich etwas – oder besser: Sie „erfinden" etwas.

Kleinkariertes Muster und irritierendes Chaos sind zwei entgegengesetzte Pole. Und beides soll das Kunstwerk vereinen, beide Wünsche des Betrachters erfüllt werden: Das Streben nach Struktur und die Sehnsucht nach Freiheit! Ein paradoxes Unterfangen, eine paradoxe Aufgabe für den Künstler.

Wie das Spiel die Paradoxie zwischen Freiheit und Struktur löst, indem es klare Regeln (Muster) vorgibt und in dessen Grenzen freie Gestaltung möglich werden lässt, so ist die Rhythmisierung eine künstlerische, eine spielerische Lösung in der paradoxen Spannung zwischen Muster und Chaos. Rhythmus wiederholt nicht mechanisch. Er nimmt ein Thema auf und lässt es verändert wiederkommen. Der Beobachter freut sich über das Wiedererkennen, es gibt ein Prinzip, eine Struktur, einen Halt. Aber dennoch gibt es einen Wechsel. Die Tonlage hat sich verändert. Oder die Farbe, die Geschwindigkeit, die Helligkeit. Keine Beliebigkeit, keine Wahllosigkeit, sondern Variation einer Idee.

Die „perfekte" Kopie ist nicht perfekt. Zumindest nicht für den Menschen. Das perfekte Muster hat keinen Platz für Interpretation, für das eigene Spiel des Betrachters. Perfektion ist die Abkehr von Lebendigkeit. Ein kleiner, riesiger Unterschied.

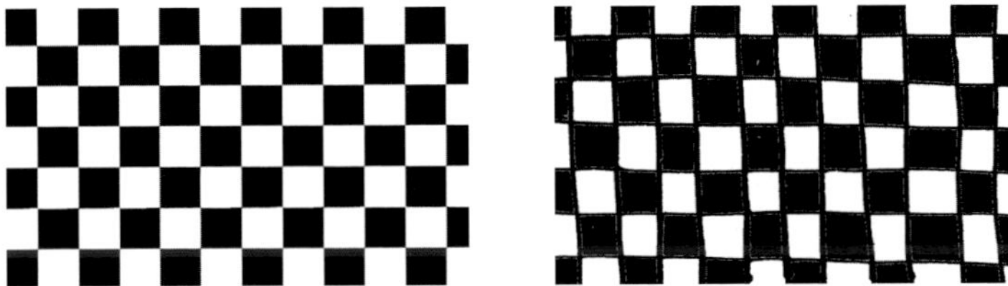

Das unterscheidet maschinelle Herstellung von Handarbeit. Die Perfektion zerstört die Magie. Das unterscheidet mechanisches Lehren von einem echten Lehrer.

In der Kunst des Unterrichtens ist die Frage nach Freiheit und Struktur eine der zentralen Fragen. Struktur ohne einen Funken Freiheit, ein Muster ohne die geringste Variation verursacht Starrheit, Zwang und Langeweile. Auf der anderen Seite führt die bedingungslose Freiheit, ohne einen Hauch von Struktur ins Chaos, in Haltlosigkeit und ins Verworrene (vgl. den Abschnitt über Paradoxieentfaltung).

Unterricht spannt sich zwischen den Polen *Freiheit* und *Struktur* auf. Wie bei einer Zeichnung oder einem Gemälde geht es nicht um einen Mischmasch von ein bisschen Freiheit und ein bisschen Struktur. Es geht um die Struktur *in* der Freiheit und um die Freiheit *in* der Struktur. Es geht nicht um Perfektion, sondern um Variation.

Materialien

Ich hatte mit Tusche und Feder eine Komposition skizziert. Tesfaye meint, dass ich nicht versuchen sollte, mit Acryl oder Öl die Tuschezeichnung nachzuahmen. Es würde komisch aussehen.

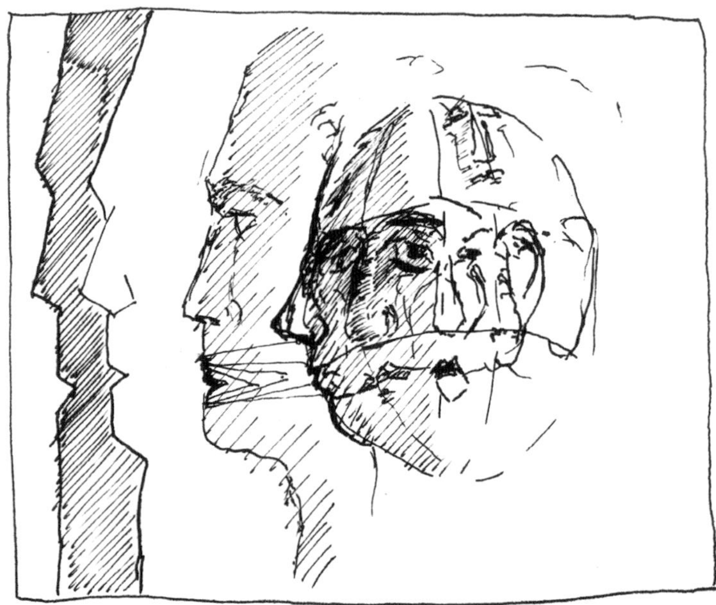

Wie recht er hat. Wie kann Öl Tusche simulieren wollen? Ölfarbe hat andere Qualitäten, Möglichkeiten und Vorlieben als Tusche. Kein Material ist besser als das andere, aber wird auf eine individuelle Art und Weise bewegt und geführt (vgl. die Bilder von der Teekanne am Ende des Buches). Ein Tuschestrich ist kein Pinselstrich mit Öl. Tusche durch Öl oder Öl durch Tusche ersetzen zu wollen erscheint seltsam. Sehr seltsam.

Und doch wird in der Bildungslandschaft häufig versucht, insbesondere in Ausbildungssituationen, den „Tuschezeichner" so zeichnen zu lassen, dass das Ergebnis wie ein Ölgemälde aussieht. Vielleicht gelingt es, vielleicht kann man tatsächlich mit Tusche ein Ölgemälde vortäuschen. Aber glücklich wird man damit nicht. Das wird man, wenn man herausfindet, welche die eigenen, individuellen Werkzeuge in der Kunst des Unterrichtens sind. Eine Kopie ist nicht möglich, jedes Individuum, sei es der Lehrer oder

der Schüler, zeichnet und malt mit seinen eigenen Farben, seiner eigenen Art und Weise. Jeder Künstler bringt auf seine Art und Weise die Farben aufs Papier.

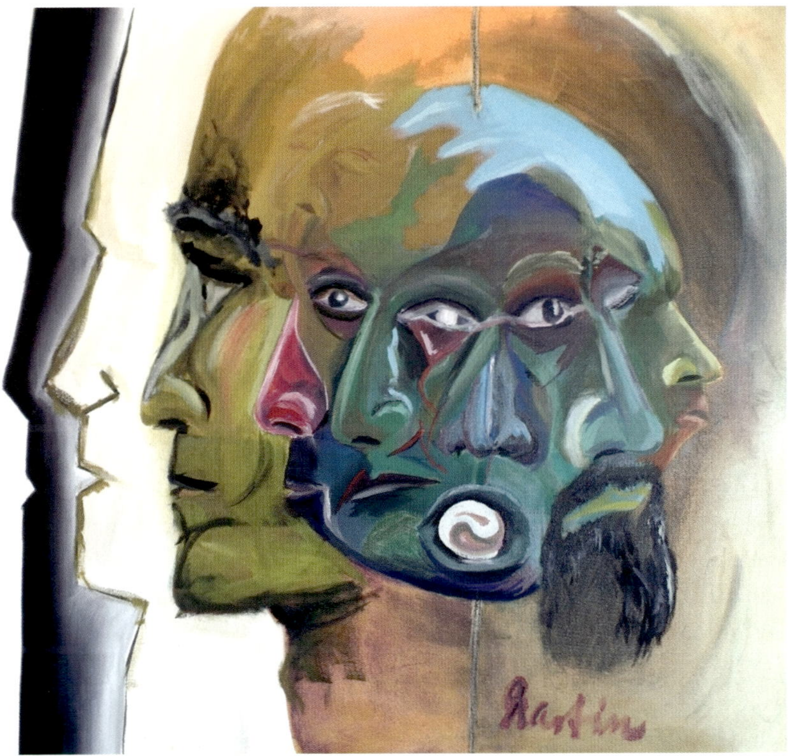

Der äußere Zwang raubt das Magische, das Geheimnisvolle, das, was beim Kunstwerk, sei es im Unterricht oder in der Zeichnung, unbeschreiblich ist.

Im Kleinen das Große beachten

Es ist offensichtlich, dass für ein Kunstwerk beides stimmen muss: Der gesamte Aufbau, die Architektur ebenso, wie das Detail. Vor allem für den Anfänger wird das Detail häufig zur Falle. Man „verkünstelt“ sich an einer Sache und da man die ganze Zeit darauf fixiert ist, wird ein kleines Detail immer wichtiger und wichtiger.

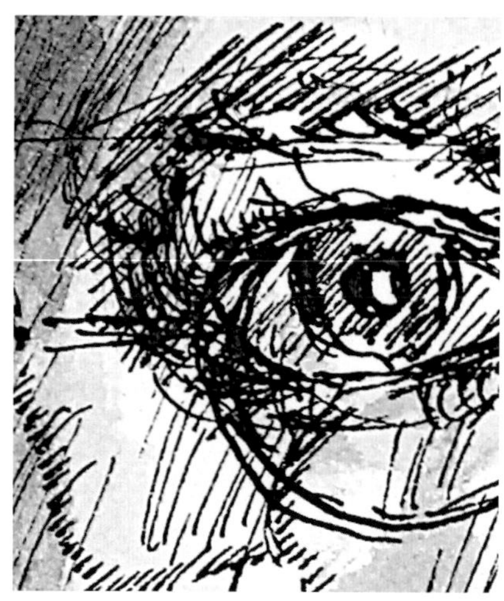

Die Abhilfe, nicht in die Falle zu tappen, ist denkbar einfach: Aufstehen, ein paar Schritte zurücktreten und von einiger Entfernung auf das Bild schauen. – Und doch bleiben die meisten Künstler und Lebenskünstler sitzen, weil sie glauben, dass sie sich die Wirkung von „Abstand nehmen" vorstellen können. Sie denken: „Für andere mag das eine sinnvolle Intervention sein, aber für mich ist das nicht wichtig, ich weiß, wie die Welt aus einer Distanz aussieht."

Bei anderen sehen wir viel leichter die Fallstricke, schlichtweg deswegen, weil wir Abstand zu anderen haben. Von sich selbst Abstand zu nehmen ist schwierig und bedarf Einsicht und Übung. Wer aufgestanden ist und Abstand genommen hat, macht anders weiter.

Es geht um das bewusste Abstandnehmen während des Schaffensprozesses, ohne zu unterbrechen. (Im Alltag unterbrechen wir häufig oder werden unterbrochen: Das Telefon klingelt, eine Nachricht erreicht uns, im Internet haben wir uns bei der Recherche verfranzt – diese Form des Abstandes ist nicht gemeint. Abstand ist keine Ablenkung.)

Mit dem Aufstehen wechseln wir die Perspektive doppelt: räumlich und zeitlich. Ersteres ist offensichtlich, mit der Entfernung wird auf der Netzhaut schlichtweg ein anderes Bild abgebildet. Details verschwinden, im Abstand erfassen wir das Ganze.

Der Effekt tritt auch ein, wenn wir mit jemandem über etwas sprechen. Das ist das Wichtige bei Feedbackgesprächen: Wir begegnen anderen Standpunkten, schlichtweg deswegen, weil wir mit anderen darüber reden. Wenn wir zu unserem alten Standpunkt zurückkehren, wissen wir durch das Gespräch, durch den Kontakt mit dem Außen, besser, wo wir selbst stehen. Wir verstehen unseren eigenen Standpunkt besser im Kontext zur Welt.

Aber auch zeitlich verändern wir die Perspektive. Wer ab und an loslässt und unterbrechen kann, der macht häufig an einer anderen Stelle weiter. Zeitlicher Abstand ist ein Schritt der Reflexion. So ändert sich die Beurteilung des eigenen Schaffens mit der Zeit. Schon mit einem Tag Abstand, mit einer überschlafenen Nacht, wirkt das Kunstwerk anders. Nach Monaten oder Jahren wird die eigene Schaffenskraft ganz anders betrachtet und bewertet. Dabei bleiben die Linien wie sie sind, nur man selbst ist ein anderer geworden.

Wie leicht es ist: Einfach „nur" aufstehen, zwei, drei Schritte zurückgehen, schauen, was man gerade tut – das ändert alles. Es ist paradox: Durch Abstand kommen wir der Sache näher.

Alles ist miteinander verbunden

„Eine Linie ist eine Linie." Das gilt für die fertige Zeichnung, aber auch nur für diese. Während des Prozesses verhält es sich anders. Sicherlich, der schwarze Tuschestrich ist auf dem Papier und, egal was passiert: Er bleibt da. Diese physikalische Wahrheit wird nicht geleugnet, aber darum geht es nicht. In der Kunst geht es nicht um das Vorhandensein einer Linie, sondern um deren Wirkung auf den Betrachter. Und Wirkung ändert sich mit dem Kontext. Wird die Umgebung des Tuschestrichs verändert, so ändert sich dessen Wirkung.

Sie können den Einfluss der Umgebung auch ohne Stift und Papier in einem Experiment ausprobieren: Setzen Sie sich im Zug in ein leeres Abteil auf einen Platz. Das entspricht einem Strich auf einem leeren Blatt.

An einem anderen Tag sitzt eine einzige Frau im Abteil, genau neben dem Platz, den Sie letztes Mal eingenommen haben. Wenn Sie sich wieder auf denselben Platz setzen, hat das eine ganz andere Bedeutung: Sie machen ein Beziehungsangebot!

Eine völlig andere Situation ist es, wenn Sie in ein überfülltes Abteil hineinkommen und gerade noch dieser Platz frei ist.

Dreimal nehmen Sie denselben Platz ein, jedes Mal entsteht eine völlig andere Wirkung. So ergeht es dem Künstler auf dem Papier: Er setzt eine zweite Linie und verändert damit die Wirkung der ersten.

Wer zeichnet, tut gut daran, stets auf das Gesamte zu schauen, die gesamte Architektur in die Betrachtung mit einzubeziehen. Wer sich im Detail verliert, kann dort noch so gute Arbeit leisten – wenn der Wert des Details für das Gesamte nicht verstehbar ist, sich nicht einreiht und die Gesamtidee nicht

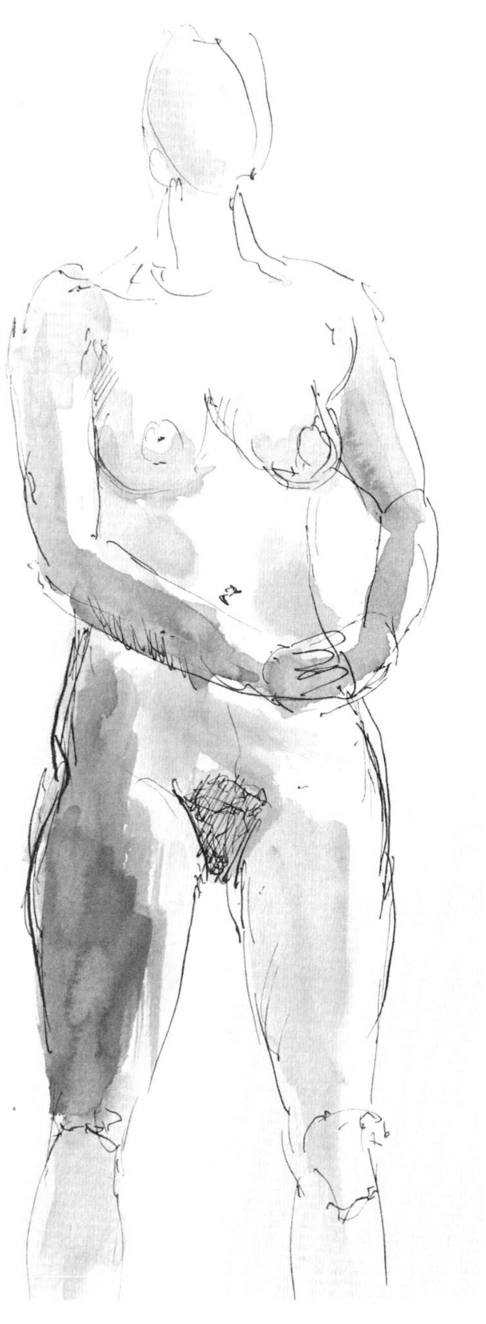

unterstützt, wird es komisch. Das ist die Gefahr des blinden Fachidioten: In seiner kleinen Welt sieht er völlig klar, aber, wenn es ungeschickt läuft, ist seine Schaffenskraft nicht kompatibel zum Rest der Welt.

Unterricht ist ein Kunstwerk: Auch hier kann man schlecht beurteilen, ob ein kleiner Ausschnitt zum Gesamten passt. Entnimmt man eine „Probe" des Unterrichts, dann fokussiert man nur einen Teil des Gesamtwerkes. Aber erst im Kontext zum Gesamten ergeben Interaktionen und Situationen einen Sinn, erst dann lässt sich Verhalten verstehen. Das ist ein strukturelles Problem von Lehrproben, da diese von einer „Probe", einem Ausschnitt, auf das Gesamte schließen sollen (vgl. auch die Abschnitte über Framing in diesem Kapitel). Es ist, als ob Sie von einem Kunstwerk nur einen kleinen Teil betrachten – und so bleibt die Komposition für Sie als Beobachter unsichtbar. Ist der beobachtete Teil weiß, gleich einem Stück unbearbeiteter Leinwand – welche Schlüsse ziehen Sie dann? Wie würden Sie urteilen? Ein Bild ohne weiße Flächen wirkt meist überfüllt und langweilig. Eine weiße Fläche lässt das Bild atmen.

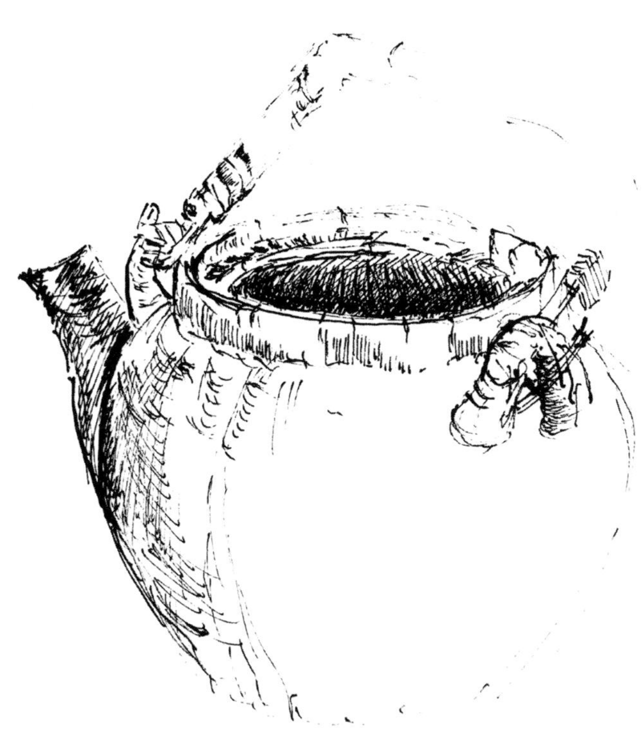

Eine hohe Kunst im Unterrichten besteht darin, dass man die einzelne Handlung, die konkrete Intervention, stets im gesamten Kontext sieht. Es geht nicht um die konkrete Aufgabe. Es geht um die konkrete Aufgabe im Kontext des Unterrichtsgeschehens. Es ist wie beim Zeichnen: Ich füge eine Linie hinzu und betrachte im selben Augenblick, wie sich dadurch das Ganze verändert. Während man einen Motor Stück für Stück zusammenschrauben kann, lässt sich Unterricht in diesem Sinne nicht stückweise aufbauen. Jede weitere Zutat ändert wie beim Kochen die gesamte Komposition. Unterricht lässt sich nicht „zusammenschrauben".

Um den einzelnen Linien, den einzelnen unterrichtlichen Handlungen, einen gemeinsamen Sinn zu geben, braucht es ein Ziel, eine Sehnsucht, worauf man sich zubewegen möchte. Das kann klar formuliert sein, aber es kann auch ein innerliches Gefühl sein, von dem man sich leiten lässt und das Handeln auf indirekte Weise mitbestimmt. Ich selbst tue mich schwer mit dem konkreten Ausformulieren. Auch habe ich – bei der Kunst wie beim Unterrichten – das Gefühl, dass mit dem Aussprechen wertvolle Dinge verloren gehen. In Anlehnung an den „Kleinen Prinzen": Manches muss unausgesprochen bleiben, wegen des Geheimnisses.

Unterricht als Kunst zu begreifen, ist weit von einer technischen Auffassung entfernt. Das Faszinierende, das Magische, findet sich zwischen den Strichen und ist meist nicht einmal aussprechbar. Es ist ein bisschen so wie mit Kunst und Kunstgeschichte. Wenn Sie einmal das Glück haben, Künstlern beim Sprechen über ihre eigenen Werke zuzuhören, erfahren Sie ganz andere Dinge als nur die Daten und Fakten und deren verschiedene Möglichkeiten der Einordnung. All diese Sortierung darf sein, ergibt Sinn und schafft Verbindungen eines Kunstwerkes mit dem Zeitgeist seiner Entstehung.

Aber es ergibt auch Sinn, ein Kunstwerk unmittelbar zu betrachten. Durch einfaches, direktes Hinschauen und das Nachspüren der Wirkung auf einen selbst. Das ist etwas sehr Wichtiges! Selber hinschauen und wahrnehmen, was zwischen Kunstwerk und einem selbst geschieht – ohne eine dritte Instanz, die sagt, ob man dies oder jenes nun gut oder schlecht finden soll.

So wünsche ich mir schulische Begegnungen mit einem Naturphänomen, mit einem Gedicht, mit einem unterrichtlichen Thema: Als Schüler unmittelbar hinschauen zu dürfen, nur für einen kleinen Moment innehalten, wahrzunehmen und fragen zu dürfen, was das mit mir zu tun hat – bevor ein Dritter, sei es das Schulbuch, Wikipedia, YouTube oder der Lehrer, gesprochen hat.

Warum in der Zeichnung weiß lassen?

Thomas Heger meint, „es lässt die Zeichnung atmen."

Die Linie ist das aktive Element, das Handeln, das Tun. Sei es auf der Leinwand oder im Klassenzimmer. Aber dieses aktive Element ergibt nur Sinn in der Umgebung des Passiven. Es braucht beides: Einatmen – Ausatmen. Striche und weiße, ungestaltete Fläche. Eine Melodie ohne Pause ist keine Musik, sondern Krach.

Die Pause macht Rhythmus erst möglich. Das Weiß braucht das Schwarze, wie auch das Schwarze das Weiß braucht. Die Idee, dass mit mehr Linien auf dem Blatt die Informationsdichte zunimmt, ist nur ein Teil der Wahrheit. Zu viele Linien ergeben erneut Strukturlosigkeit, in diesem Sinne ist weniger mehr.

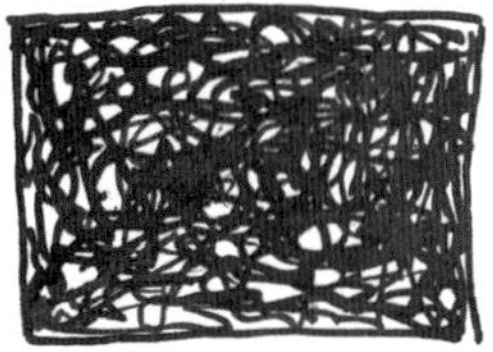

Für das Gelingende braucht es den Kontrast. Wieder ist es paradox: Die Linie erschafft das Kunstwerk, aber sie zerstört es auch. Licht benötigt Schatten, Töne benötigen Pausen, Schwarz benötigt Weiß. Das eine ist nichts ohne das andere. Einerseits brauchen wir die Linie, die klare Führung, auf der anderen Seite die Freiheit, das Loslassen, den eigenen Weg. Zwei widerstrebende Forderungen ziehen in entgegengesetzte Richtungen. Und in dieser Spannung entsteht, gleichsam als schwingende Saite, die Lebendigkeit. Anders formuliert: Leben ist nichts anderes als Paradoxieentfaltung.

Wir Menschen, seien wir Künstler oder Lehrer, müssen Entscheidungen in Situationen treffen, in denen das Gegenteil einer Option auch richtig ist. Aber sobald wir handeln, quasi eine Linie zeichnen, sind wir in die Entscheidung gezwungen (vgl. den Abschnitt 2.7 über das Handeln). Handeln erfordert stets die Entscheidung, ob auf dem Papier als Linie oder im Leben als Aktion. Und sobald sich die Paradoxie entfaltet hat, die Linie auf dem Blatt ist, macht sie sich angreifbar, diskutierbar und korrigierbar.

Die Kunst des Weglassens

Kunst ist immer auch die Kunst des Weglassens. Ein „fertig“ gezeichnetes Bild, wo jeder Quadratzentimeter Tusche enthält, wirkt häufig langweilig. Manches Kunstwerk ist durch den Zeichner selbst zerstört worden, weil dieser den Zeitpunkt des Aufhörens verpasst hat.

Es ist natürlich nicht das Bild, welches weiße Flächen braucht. Es ist der Betrachter, der Vollständigkeit als unangenehm empfindet. Wenn alles voll und zugeschmiert ist, dann bleibt für ihn kein Raum mehr. Er kann nichts hinzufügen, er kann keinen geistigen Anteil an dem Bild nehmen. Kurz: Es findet keine Interaktion, keine Kommunikation zwischen Zeichner und Betrachter statt. Alles ist schon ausgefüllt, alles ist ausgeführt, Linie für Linie – kein Platz mehr für eigenes Gestalten.

Als Betrachter nehmen wir leere Flächen nicht bewusst wahr. Wir bemerken meist nicht einmal, dass da etwas „fehlt", unser Gehirn vervollständigt ganz von selbst den „Blinden Fleck". Wir sehen nicht, was wir nicht sehen. Wir sehen nicht das Fehlende.

Wie mit der Kunst, so verhält es sich mit Unterricht. Lehre ohne Leere ist langweilig. Wenn alles gesagt wurde, bleibt kein Platz mehr zum eigenen Gestalten. Die Unterrichtsstunde ist vollständig, nichts fehlt – aber sie ist auch langweilig und öde geworden und hat nichts mehr mit mir, dem Lernenden, zu tun. Vollständigkeit schadet! In diesem Sinne ist Unterrichten immer auch die Kunst des Weglassens.

Ganz anders ist es bei maschinellen Abläufen. Hier möchte man überprüfbare Vollständigkeit. Wenn in der Produktion etwas fehlt, dann fährt das Auto nicht, das Buch lässt sich nicht lesen und der Fernseher zeigt kein Bild. Technische Systeme unterscheiden sich damit grundlegend von sozialen Systemen, da diese lebendig sind und eigenständig Dinge hinzufügen, ja, hinzufügen wollen.

Unterrichten als die Kunst des Weglassens zu begreifen ist nicht einfach. Es braucht etwas, das vervollständigt werden kann. Es braucht eine Anregung durch den Künstler, sodass Kommunikation entstehen kann. Weglassen ist weit mehr als der Entwurf eines Lückentextes. Es geht um eine Form der Gestaltung, die das Innere des Schülers anspricht und wo er aus sich selbst heraus konstruiert und weitergehen kann. Ruth Cohn[5], Begründerin der Themenzentrierten Interaktion (TZI), formulierte es so: „Zu wenig geben ist Diebstahl, zu viel geben ist Mord!"

In der Renaissance nahm man eine Geschichte, zum Beispiel aus der Bibel, und malte ein Bild, das die Geschichte vollständig wiedergab. Aufgabe des Malens und Zeichnens war die Wiedergabe.

5 Ruth Cohn: *Es geht ums Anteilnehmen*, Herder Verlag, Freiburg 2001, S. 142.

Die moderne Kunst möchte keine vollständigen Geschichten, sie möchte Begegnung ermöglichen. Moderne Kunst möchte Platz für den Beobachter schaffen. Der Beobachter soll in Resonanz mit dem Kunstwerk kommen. Und da ist es sehr hilfreich, wenn etwas nicht vollständig gezeichnet ist. So kann der Beobachter selbst etwas hinzufügen.

Aus diesem Blickwinkel erscheint die moderne digitale Didaktik irrwitzig. Alle Möglichkeiten werden ausgelotet, um möglichst sicher Vollständigkeit zu erzeugen. Es lässt sich alles kopieren und abspeichern, teilen und beliebig vervielfältigen. Und doch erinnert dieser technische Hype sehr an die Renaissance, wo versucht wurde, eine Geschichte vollständig aufzuzeichnen.

Die „Kunst des Weglassens“ ist in Vergessenheit geraten. Weglassen ist keine mechanische Sache. Man kann nicht einfach 10 %, 20 % oder 30 % von einem Bild entfernen. Es geht um die Kunst, eine Idee zu skizzieren, ohne alles gesagt zu haben. Der Betrachter braucht Luft zum Atmen. Er benötigt Platz für die eigene Kreation. Es geht nicht um ein Versteckspiel (Ostereierpädagogik), es geht um Mitgestaltung, um Teilhabe. Die vollständigen und perfekten Dinge besitzen keine Entwicklungsmöglichkeit.

So ist die Idee der Lehre nicht die der Vollständigkeit oder die der Perfektion – dies gilt für technische Konzepte. Ein perfekter Unterricht, sollte er wirklich perfekt sein, besitzt keine Entwicklungsmöglichkeiten mehr. Wenn etwas perfekt ist, dann gibt es kein Wachstum und keine Lebendigkeit mehr, dann ist es tot. Perfektionismus ist kein guter Ratgeber für lebendigen Unterricht. Perfektion markiert das Ende. Perfekter Unterricht ist toter Unterricht.

Framing – der Rahmen, der Bezugsrahmen

Die gezeichneten Dinge ändern sich, je nachdem, wo man sie auf das Papier setzt. Der lernende Künstler ist zuerst mit dem Objekt beschäftigt. Es ist naheliegend, schließlich zeichnet er ja ein Bild davon.

Jedoch hängt die Wirkung – und das ist letztendlich, was zählt – nur zu einem Teil von dem dargestellten Objekt ab. Ebenso kommt es auf die Umgebung des abgebildeten Gegenstandes an. Es ist ein Wechselspiel beider Komponenten, die in Beziehung zueinander stehen, die gemeinsam wirken. Derselbe Gegenstand verändert mit dem gezeigten Ausschnitt seine Wirkung.

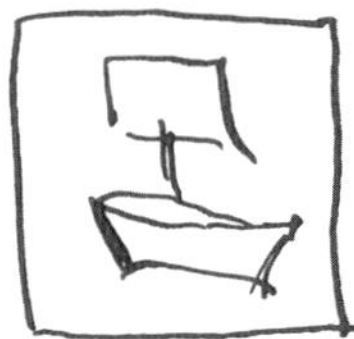

Dasselbe Bild von dem Boot, in einen vielfach größeren Rahmen gezeichnet, zeigt weniger das Boot selbst als die Ruhe, die Stille und die Einsamkeit, in der es sich befindet.

Ungeübte Beobachter messen dem Rahmen wenig Bedeutung zu. Der Rahmen, der Ausschnitt wird einfach hingenommen, ohne Reflexion. Wir sehen ja nicht, was wir nicht sehen. Wir sehen nicht das, was jenseits des Ausschnittes liegt. Und infolgedessen sprechen wir über die Themen, die im sichtbaren Bereich liegen. Der Rahmen setzt stets einen Bezugsrahmen.

Ein Beispiel, eine Anekdote zur Bedeutung des Rahmens, quasi eine „Rahmengeschichte“: Das Abiturthema in Ethik lautete „*Was ist Mut?*“ Die Schüler hatten mehrere Stunden Zeit, um eine Antwort auf diese psychologisch-philosophische Fragestellung zu geben. Einer der Schüler kritzelte rechts unten auf das Aufgabenblatt „*Das ist Mut.*“ und gab ab. Der Anekdote nach waren sich Erst- und Zweitkorrektor uneinig, ob man die Arbeit als „Exzellent“ oder als „Nicht bestanden“ bewerten sollte.

Auf einem beliebigen Zettel wirkt der Satz kaum, aber im Rahmen einer Abituraufgabe, entfaltet sich auf einem sonst leeren Blatt, wo in einer Ecke Mut bewiesen wird, eine extreme Wirkung. Es ist nicht die Aussage an sich, die einzigartig ist. Es ist die Aussage im Kontext. Es handelt sich um eine Abituraufgabe, um einen Moment, der für den kommenden Lebensweg von Bedeutung ist. Die Aussage kommt von einem Schüler im Kontext der Aufgabenstellung: Nur ein Buchstabe wurde ersetzt, und damit hat sich alles verändert. Mit dem Tausch eines Buchstabens stellt der Prüfling die Art der Prüfung infrage, die Art und Weise, wie Ethik in der Schule gelebt wird. Man möchte mehr über den Schüler wissen, man möchte seinen „Hintergrund“ kennen, sodass man die Tat einordnen und bewerten kann: Handelt es sich um einen Schüler, der bei jeder Kleinigkeit zum Rebellen wird, um einen Schludrian, der sich gerne das Leben einfach macht, der seine Faulheit liebt? Oder ist der Betroffene ein Denker, der seinen eigenen Weg geht, der nicht mit einem „Kunstgriff“ zu betrügen versucht, der die Unbeurteilbarkeit seines Handelns in einem höheren Sinn versteht, eine politische Handschrift schreibt und zum Nachdenken anregen möchte?

Zurück zum Bezugsrahmen. Die Systemiker nennen die Wahl des Ausschnittes, die wir zur Beurteilung hernehmen, *Framing*. Ein anderer Frame, ein anderer Rahmen – und die Dinge erscheinen anders.

In die Perspektive gezwungen

Sobald wir die Augen aufmachen, werden in die Perspektive gezwungen. Wir können die Dinge aus der Nähe oder aus der Ferne, von Links oder Rechts betrachten – immer können wir nur eine Perspektive einnehmen. Eine einzig „richtige“ gibt es nicht. Es gibt immer viele „richtige“ Standpunkte.

Es ist nicht nur die Perspektive, die unsere Wahrnehmung einschränkt. Genauer sind es wie bei einer Kamera mehrere Faktoren:

Erstens wählen wir die Richtung, in der wir auf einen Gegenstand sehen. Diese Richtung ergibt sich durch unseren Standpunkt. Der Krug-Gedanke von Thomas Heger zu Beginn des Buches verdeutlicht eindrucksvoll, wie die Beobachtung von der Perspektive abhängt.

Als Zweites wählen wir den Bildausschnitt. Soll es ein Hoch- oder Längsformat sein, soll das Objekt angeschnitten werden oder ganz im Mittelpunkt stehen. Je nachdem, in welchem Rahmen wir eine Sache betrachten, verändert sich die Bedeutung. Beides, Perspektive und Rahmen, bestimmen indirekt den Hintergrund. Zusammen mit dem Licht sind es die äußeren Möglichkeiten der Bildgebung.

Noch wichtiger ist der innere Anteil an der Bildgebung. Ich sehe die Welt mit all dem, was bereits in mir ist. Ich nehme das Außen in Kategorien wahr, die in meinem Inneren vorhanden sind. Also mit meinen individuellen, internen Denkstrukturen. Das ist das „innere Werkzeug" meines Beobachtens. Es entspricht der lichtempfindlichen Schicht (Film oder Bildsensor) eines Fotoapparates. Mit einem Schwarz-Weiß-Film wird man keine farbigen Bilder erzeugen können.

Wir verwenden für unsere innere Vorstellungswelt die Dinge, die wir bereits in uns haben. Zur Bildgebung, also das, was in unserem Gehirn unsere Vorstellung erschafft, stammen über 97 % aus unserem Inneren. Weniger als 3 % (!) der Information kommen über die Augen von außen. Das bedeutet: Wenn Sie sich umschauen, dann entsteht das Bild, das Sie mit Ihren Augen zu sehen glauben, aus Daten, die im Wesentlichen aus Ihrem Inneren kommen. Es ist eine ungeheure Leistung des Gehirns, aus dem geringen äußeren Datensatz ein für unsere Wahrnehmung scharfes Bild zu erzeugen. Bei 3 % kann man gut verstehen, warum wir manche Dinge übersehen oder einen Ast mit einer Schlange verwechseln können. Wenn wir zusammen mit anderen Dinge betrachten, sehen die anderen andere Dinge. Je größer die gemeinsame Vergangenheit ist, desto ähnlicher können die inneren Bilder werden.

In diesem Zusammenhang mag man sich vorstellen, was es bedeutet, wenn Jugendliche bis zum 18. Lebensjahr über die Medien bereits 32.000 Morde gesehen haben (Schätzung des Medizinerverbandes *American Medical Association*) – auch das wird zum Material der inneren Vorstellungswelt.

Für ein kleines Kind ist das Gesehene real. Mit dem Erwachsenwerden werden wir um unsere Begrenzung bewusst und verstehen, dass verschiedene Sichtweisen den Normalfall darstellen, dass die Wahrheit bei Zweien beginnt. Wir bewerten nicht die Dinge an sich, unsere Bewertung ist ein Dreischritt: Wir *beobachten* (1), wir *erklären* (2) die Beobachtung und anschließend *bewerten* (3) wir die Beobachtung. Es ist sehr wichtig zu verstehen, dass wir nicht aufgrund der Dinge an sich handeln, sondern aufgrund unserer Erklärungen. Dieselbe Situation kann mit einer anderen Erklärung eine völlig andere Handlung auslösen. Ein Beispiel: Die Hälfte der Welt erklärt, dass Milch gesund ist, die andere, dass Milch krank macht. Ob wir Milch trinken oder nicht, hängt davon ab, wie wir die Wirkung von Milch *erklären* (und anschließend bewerten). Im ZEN sagt man: Es sind nicht die Dinge. Es sind die Einstellungen zu den Dingen.

Dabei bleiben die Dinge, was die Dinge sind. Milch bleibt Milch. Auch wenn die Perspektive, der Hintergrund und die Denkweise sich verändert.

Das Wissen und die Akzeptanz darüber, dass wir alles, was wir sehen, nur aus einem bestimmten Ausschnitt, aus einer bestimmten Perspektive und nur innerhalb unserer eigenen Wirklichkeit bewerten können, wirkt sich auf die eigene Persönlichkeit aus. Es fördert Aufmerksamkeit und Milde: Wir haben nicht den allumfassenden, göttlichen Blick. Wie wir unsere Schüler, unsere Kollegen, unsere Partner sehen, ist eingeschränkt. Diese Beschränktheit macht uns zum Menschen, das Wissen um unsere Beschränktheit macht unser Handeln menschlich.

Framing in der Wissenschaft – Unmessbarkeit des Wesentlichen

Fast alle Forschung über Unterricht wird von Menschen gemacht, die nicht in der Schule sind. Über 90 % der Vorträge auf Bildungsforen halten Menschen, die nicht täglich unterrichten. Die Vortraggebenden sehen „Unterricht" gewissermaßen von außen, sie sind kein Teil des Systems. Statt Manuel, Charlotte, Franzi und Pascal direkt ins Gesicht zu schauen, werden Daten über viele, viele Schüler gesammelt und ausgewertet.

Darin steckt zuerst einmal ein großer Vorteil: Die Wissenschaft ist nicht persönlich eingefärbt, sie nimmt einen sogenannten objektiven, wissenschaftlichen Standpunkt ein. Die Ergebnisse hängen nicht mehr von Manuel, Charlotte, Franzi und Pascal ab. Sie sind „eher" allgemeingültig, sie werden im Rahmen einer Studie untersucht. Aber natürlich ist auch diese Studie einer bestimmten Blickrichtung und Einschränkung unterworfen. Ob randomisierte Vergleichsgruppen untersucht werden oder ein leitfadengestütztes Interview durchgeführt und ausgewertet wird – immer wird eine bestimmte Perspektive eingenommen. Der Vorteil ist, dass diese Perspektive von außen kommt. Wir brauchen die äußere Irritation, den äußeren Blick. Im Alltag fragen wir Freunde und Bekannte, um einen Blick von außen zu erhalten.

Auf der anderen Seite steckt in der äußeren Untersuchung zugleich der größte Nachteil: Es fehlt an Kontakt. Beziehung ist das, was sich nicht in Daten und Fakten sammeln und ausdrücken lässt. Aufrichtigkeit, Hingabe oder Erfüllung sind Beispiele von zentralen Inhalten in der Bildung, die nicht messbar sind. Eine Sorge macht sich breit: Hat das, was die Wissenschaft herausfindet, noch etwas mit mir und meinem Unterricht zu tun? Oder findet didaktische Forschung auf einem Datenplaneten, weit entfernt von schulischer Wirklichkeit, statt? Warum sollte ich als Lehrer einem Redner zuhören, der die Träne von Manuel, das Lachen von Charlotte, die Verzweiflung von Franzi und das Schüchterne von Pascal noch nie gesehen hat? Das ist das, was zunehmend fehlt: Zeit. Der direkte (und unbewertete) Blick ins Schülergesicht. Die Gefahr ist groß, dass aus der Wahrnehmung des Gegenübers eine bloße Datenerhebung wird. Das Wesentliche dringt nicht durch das Digitale. Direkter Kontakt, Beziehung liegt jenseits wissenschaftlicher Methoden. Es fehlen die geeigneten Maße und der geeignete Rahmen. Wer den Bezugsrahmen im Innern sucht, kann mit (äußeren) Daten nur bedingt etwas anfangen. Wie sollte auch ein Maß für Aufrichtigkeit aussehen? Wie sollte sich Sehnsucht messen lassen? Wie Schönheit?

Ein drittes Mal Framing: Zweckmäßigkeit

Derselbe stoffliche Inhalt wirkt in einem dunklen Keller anders als im lichtdurchfluteten Wohnzimmer. Versuchen Sie es: Nehmen Sie ihr Lieblingsessen und gehen Sie damit allein in den Keller, essen Sie dort auf kahlem und kaltem Boden, allein – es ist dasselbe Essen, und doch schmeckt es anders. Maschinen hingegen ist es egal, wie und von wo sie Öl oder Strom bekommen, für Menschen ist die Umgebung wesentlich.

Behandeln wir Schüler wie Maschinen? Die Klassenzimmer sind vor allem zweckmäßig eingerichtet. Warum sehen unsere Wohnzimmer zuhause anders aus? Wie sollte der Ort des Lernens und Lehrens gestaltet sein? Als Mittel zum Zweck? Weder körperliche noch geistige Nahrung möchte „zweckmäßig“ aufgenommen werden. Wenn Ihnen der Ort egal ist, wenn Sie überall meditieren, beten und zur Stille kommen können, wenn es Ihnen egal ist, ob Sie in einem Buchenwald oder in einem Betonwald spazieren gehen – dann ist natürlich auch der Ort des Lernens egal. Der Ort und dessen Einrichtung spiegelt wider, wie wir das Lernen sehen. Aktuell geht es um interaktive Whiteboards und um schnelleres Internet. Ist dies das erste, das Sie in Wohnzimmer und Kinderzimmer haben möchten? Ist es das, was Beziehung wachsen lässt?

Unmittelbar hinschauen

Eine Situation im Atelier: Ein Besucher steht vor einem Bild, blickt wenige Sekunden darauf und fragt, was man da sieht. Der Künstler fragt zurück, was er denn sehe – und dann passiert etwas Seltsames. Der Besucher schaut hin, er schaut so hin, als würde er zum ersten Mal hinschauen. Und ich glaube wirklich, dass das auch der Fall ist.

Joseph, der älteste Student in der freien Kunstakademie Nürtingen, Tesfaye und ich sprechen über das Betrachten von Bildern. Tesfaye meint, dass die Wenigsten Bilder wirklich anschauen. Die meisten werfen einen kurzen Blick darauf, wie man auf ein Inhaltsverzeichnis schaut, und wollen dann hören, was andere über die Bilder sagen. Audioguide oder Wikipedia wissen bereits, was es zu sehen gibt. Der Besucher muss gar nicht mehr hinschauen. Das Unmittelbare ist verloren gegangen, stattdessen „wissen" wir Fakten oder wissen, wo wir nachsehen müssen. Wir schauen nicht mehr hin. Seien es Kunstwerke oder Naturphänomene. Man kann eine Mona Lisa gar nicht mehr einfach so betrachten. Es ist schon so viel darüber geschrieben worden und die Schreiber wissen, wie man ein Kunstwerk zu lesen hat, andere wissen, was richtig ist.

Ich hoffe, dass Tesfaye im Unrecht ist. Was würde es bedeuten, wenn die Menschen das Hinschauen, das Direkte und Unmittelbare, nicht mehr kennen? Der inneren Stimme würde eine äußere zuvorkommen und erklären, was zu sehen ist, wie man es zu sehen hat, was wichtig ist.

Ja, natürlich ergibt es Sinn, ein Kunstwerk durch andere Augen zu sehen. Die fremde Betrachtung, die andere Meinung bewirkt eine Anregung, die für die eigene Entwicklung förderlich ist. Aber wenn Menschen nicht mehr eigenständig hinschauen, wenn dem eigenen direkten Blick nicht mehr vertraut wird und stattdessen die Sichtweise von Google und Co hingenommen wird, wenn im Inneren des Beobachters nichts mehr ist, das sich anregen und irritieren lässt – was stellt ein solcher Mensch dann dar? Braucht er zu allem einen Dritten, braucht er Internet, um sich eine Meinung zu bilden? Kann er selbst nicht mehr sehen und beurteilen? Ist er so unsicher geworden, dass er seinen eigenen Augen nicht mehr traut?

Bevor wir nach etwas googeln und uns einer fremdbestimmten Sichtweise unterwerfen: Können wir nicht einen kurzen Moment innehalten und selbst nachdenken? Darf Uneinigkeit in einer Gruppe noch diskutiert werden, ohne dass sich das Internet sofort zum Richter erhebt? Ist Wikipedia Wahrheit?

Wissen wir eigentlich, was wir da tun? Wir schauen nicht mehr selbst hin, wir denken nicht mehr selbst nach, wir „informieren" uns. Aber diese „In-Form-ation" ist keine „Formierung" unseres Denkens mehr, die ursprüngliche Idee des „Formenbildens", das Verständnis für Bildung als In-Form-Bringen, ist verloren gegangen. Es wird nur nachgeschaut, was „richtig" ist. Und es ist erschreckend, dass kaum jemand dabei erschrickt!

Innere Stundenvorbereitung

Die erste Begegnung ist eine besondere Begegnung. Denn diese wird zum Bezugsrahmen für alles Weitere. Die erste Begegnung gibt Orientierung und definiert den Ursprung, das, was normal ist. Und „normal" wird zu „richtig". Was vom Richtigen abweicht, wird falsch. Wo also beginnen?

Als Referendare wurden wir dazu aufgefordert, zuerst in den einschlägigen Schulbüchern nachzuschlagen, um uns geeignete Anregungen zu holen. Im Anschluss daran sollten wir das Gelesene auf unseren Unterricht anpassen oder selbst überlegen, wie wir vorgehen möchten.

Ich möchte ernsthaft davor warnen. Wenn man sich zuerst anschaut, wie andere ein Thema angefasst, aufgefasst und bearbeitet haben, dann wird es schwer, wenn nicht gar unmöglich, etwas Eigenes zu entwickeln. Viel besser ist der Weg, zuerst nach innen zu gehen, eigene Fragen zu stellen und dann nach außen zu blicken, z. B. in die einschlägigen Schulbücher. Dann erst lässt sich die eigene Idee, der eigene Standpunkt einordnen. Dann erst kann ich überhaupt verstehen, warum der eine so und der andere so angefangen hat.

Meinen Studenten gab ich bei Stundenvorbereitungen den Rat, erst einmal bei sich selbst zu beginnen. Was hat das mit mir zu tun? Was berührt mich an dem Thema? Warum ist das für meine Schüler interessant? An was denke ich bei diesem Thema? Was assoziiere ich? Wie wollte ich selbst über dieses Thema unterrichtet werden?

Innere Stundenvorbereitung ist viel leichter, denn die eigene Idee ist eine vertraute Idee, man selbst kennt den Kontext. Wenn aber etwas von außen kommt, dann muss man prinzipiell vorher abgleichen, ob und wie das passen könnte. Als Theaterpädagoge habe ich oft gesehen, dass es viel leichter fällt, ein eigenes Stück auf die Bühne zu bringen, als ein vorgegebenes. Mit „eigenem Stück" ist gemeint, dass die Schüler aus ihren eigenen Erfahrungen und Erlebnissen ein Kunstwerk erschaffen. Das Ergebnis war stets authentisch. Anders ist es bei fremden Stücken. Egal, wie gut der Autor ist: Um das Fremde sich „einzuverleiben", und zwar so, dass es auf der Bühne Bestand hat, dass es echt wirkt –, das ist sehr harte Arbeit.

Immer wieder höre ich, dass es schwieriger und zeitaufwendiger wird, wenn Schüler sich bei Vorträgen und Referaten das Thema selbst ausdenken sollen. Nein, und abermals nein! Möchte man ein fremdes Thema, mit dem man bisher nichts zu tun hatte, *ernsthaft* bearbeiten, braucht das sehr, sehr lange. Da muss man erst in die Thematik hineinwachsen. Wenn die Entwicklung von innen beginnt, dann ist man bereits von Beginn an am Thema und muss keinen Anschluss an die eigene Denkweise suchen.

Die erste Begegnung ist eine besondere Begegnung. Beginnen Sie bei sich, mit dem Blick auf ihre Schüler – Unterricht ist zu wichtig, um fremdbestimmt durchgeführt zu werden. Die Zeit ist zu wertvoll.

Schlussbemerkung

Füllfederhalter

Dieses Buch wurde nicht am Rechner geschrieben, sondern mit einem Füllfederhalter. Erst im Nachhinein wurden die handschriftlichen Seiten für den Druck abgetippt.

Das Werkzeug verändert die Art des Schreibens, weil es die Art des Denkens verändert. Ein Pinsel erzeugt andere Strukturen als die Tuschefeder, der Blei- oder Kreidestift. Ein Füllfederhalter andere als eine Tastatur.

Es macht einen großen Unterschied, ob man eine Taste drückt oder ob eine Feder über das Blatt gleitet. Es ist der Unterschied zwischen „Times New Roman“ und der eigenen Handschrift.

Am Rechner lassen sich Sätze beliebig löschen, austauschen und umsetzen – mit der Feder geht das nicht. Mit Tinte geschriebene Sätze werden nicht einfach gelöscht, sie werden umgebogen und angepasst, die Feder versucht einen Weg zu finden, damit der Satz noch gerettet werden kann. Eine suchende Bewegung entsteht. Tinte erzeugt ein Schriftbild, eine Tastatur kann das nicht.

Das Wesentliche, das, was uns wesentlich macht, ja, erst zum Menschen macht, dringt nicht durch das Digitale. Der unmittelbare Blick ins Schülergesicht ist dem Blick auf Daten gewichen. Datenanalyse scheint zur Wahrheit zu werden. Forschungsergebnisse aus Studien, Auswertungen, Signifikanzen, scheinen wichtiger als die eigene Wahrnehmung geworden zu sein.

Die didaktische Welt erscheint krank, der Hype auf das schnelle Digitale ungesund. Das ist ein Grund, warum dieses Buch mit Füller geschrieben wurde. Diese Vorgehensweise stellt einen Gegenversuch zum Digitalen dar: Das Schreiben mit echter Tinte ist besser, weil es langsamer ist.

Mit dem Füller schreibt es sich anders

Aber es schreibt sich nicht nur anders, es liest sich auch anders. Die Handschrift enthält eine zarte, zusätzliche Betonung, als ob beim Lesen der Schrift eine leise Stimme mitliest. Es entstehen feine Nuancen durch das Schriftbild.

Wenn ich die geschriebenen Zeilen abtippe und hinterher Korrektur lese, dann fällt mir auf, dass es sich um eine Übersetzung handelt. Ebenso, wie sich ein englischer Satz nicht exakt ins Deutsche übersetzen lässt. *Love* ist nicht *Liebe* und *ein Auto* is not *a car*. Der feine Unterschied macht den Unterschied. Zu Beginn des Schreibens an diesem Buch war mir nicht klar, dass sich nicht alles mit der Tastatur übertragen lässt. Das Abtippen war für mich lediglich ein umständlicher Vorgang. Ich sah nicht, dass die gedruckte Version nicht das wiedergibt, was das Fließen der Tinte erschaffen hat.

Häufig musste ich abgetippte Texte nachbessern. Nicht, weil sie falsch geschrieben wurden, sondern weil *Arial* und *Times New Roman* eine andere Wirkung entfalten.

Das mit Tinte geschriebene Wort

besitzt eine andere Bedeutung, die Übersetzung trägt eine andere Information in sich, die Handschrift nimmt einen größeren Raum ein, liest sich anders und erschafft andere Bilder als das Gedruckte.

Literatur

Die aufgeführte Literatur ist kein Quellenverzeichnis. Es sind Bücher, die mich zu diesem Buch geführt haben und zeigen gedankliche Wurzeln.

BATESON, Gregory: Geist und Natur. Eine notwendige Einheit. Suhrkamp, Frankfurt am Main, 2002

BATESON, Gregory: Kybernetische Erklärung. In: Ökologie des Geistes. Suhrkamp, Frankfurt am Main, 1981

BAUER, Joachim: Warum ich fühle, was du fühlst: Intuitive Kommunikation und das Geheimnis der Spiegelneurone. Heyne Verlag, München, 17. Aufl. 2006

BENJAMIN, Walter: Das Kunstwerk in Zeitalter seiner technischen Reproduzierbarkeit. Suhrkamp, Berlin, 2020

BERGHAUS, Margot: Luhmann leicht gemacht. Eine Einführung in die Systemtheorie. Böhlau Verlag, Köln, Weimar, Wien, 3. Auflage 2011

BROOK, Peter: Der leere Raum. Alexander Verlag, Berlin, 8. Auflage 2004

CSIKSZENTMIHÁLYI, Mihály: Flow – der Weg zum Glück. Der Entdecker des Flow-Prinzips erklärt seine Lebensphilosophie, in: Ingeborg Szöllosi (Hrsg.), Herder Spektrum, 2010

FOERSTER, Heinz von: Wissen und Gewissen. Suhrkamp Verlag, Frankfurt am Main, 9. Auflage 2015

GRELL, Jochen: Techniken des Lehrerverhaltens. Beltz Verlag, Weinheim und Basel, 15. Auflage (Nachdruck) 2001

HERRMANN, Ulrich (Hrsg.): Neurodidaktik. Beltz Verlag, Weinheim und Basel, 2. Aufl. 2009

JASPERS, Karl: Descartes und die Philosophie. De Gruyter, Berlin, 4. Auflage 1966

JOHNSTONE, Keith: Theaterspiele, Spontaneität, Improvisation und die Kunst des Geschichtenerzählens. Alexander Verlag, Berlin, 5. Auflage 2004

KLIPPERT, Heinz: Kommunikationstraining. Beltz Verlag, Weinheim und Basel, 11. Auflage 2006

KLIPPERT, Heinz: Teamentwicklung im Klassenraum. Beltz Verlag, Weinheim und Basel, 6. Auflage 2002

KNEER, Georg & NASSEHI, Armin: Niklas Luhmanns Theorie sozialer Systeme. Wilhelm Fink Verlag (UTB), Paderborn, 4. Aufl. 2000

KRAMER, Martin: Mathematik als Abenteuer. Erleben wird zur Grundlage des Unterrichtens Bd. I–III. Klett/Kallmeyer, Seelze, 4. Aufl. 2016

KRAMER, Martin: Physik als Abenteuer. Erleben wird zur Grundlage des Unterrichtens Bd. I–II. Klett/Kallmeyer, Seelze, 3. Aufl. 2016

KRAMER, Martin: Schule ist Theater. Schneider Verlag Hohengehren, Esslingen am Neckar, 3. Auflage 2016

LUHMANN, Niklas: Soziale Systeme. Grundriß einer allgemeinen Theorie. Frankfurt a. M., 15. Auflage 2012

LUHMANN, Niklas: Sozialogische Aufklärung 5, Konstruktivistische Perspektiven. Westdeutscher Verlag, Opladen, 1990

LUHMANN, Niklas: Soziologische Aufklärung 4. Beiträge zur funktionalen Differenzierung der Gesellschaft. Westdeutscher Verlag, Opladen, 1987

MAYER, Claude-Hélène & BUSCH, Dominic: Mediation erforschen, Fragen – Forschungsmethoden – Ziele. Springer Verlag, Wiesbaden, 2012

MONTESSORI, Maria: Die Macht der Schwachen. Herder, Freiburg, 1989

PETERSSEN, Wilhelm H.: Kleines Methoden-Lexikon. Oldenbourg Schulbuchverlag, München, 3. Auflage 2009

PLATH, Maike: Spielend unterrichten und Kommunikation gestalten. Warum jeder Lehrer ein Schauspieler ist. Beltz Verlag, Weinheim und Basel, 2010

RUF, Urs, KELLER, Stefan & WINTER, Felix (Hrsg.): Besser lernen im Dialog. Dialogisches Lernen in der Unterrichtspraxis. Klett/Kallmeyer, Seelze-Velber 2008

SCHELLER, Ingo: Szenisches Spiel. Handbuch für die pädagogische Praxis. Cornelsen Verlag Scriptor, Berlin, 5. Auflage 2007

SCHLEY, Winfried: Teamkooperation und Teamentwicklung in der Schule. In: H. Altrichter, W. Schley & M. Schratz (Hrsg.): Handbuch zur Schulentwicklung. Studien Verlag, Innsbruck/Wien 1998

SCHULZ VON THUN, Friedemann: Miteinander Reden, Bd. 1: Störungen und Klärungen. Allgemeine Psychologie der Kommunikation, Rowohlt Taschenbuch Verlag, Reinbek bei Hamburg, 48. Auflage 2010

SCHULZ VON THUN, Friedemann: Miteinander reden. Bd. 3: Das „Innere Team" und situationsgerechte Kommunikation. Rowohlt Taschenbuch Verlag, Reinbek bei Hamburg, 25. Auflage 2013

SIMON, Fritz B.: Einführung in die systemische Organisationstheorie. Carl Auer, Heidelberg, 4. Auflage 2013

SIMON, Fritz B.: Einführung in Systemtheorie und Konstruktivismus. Carl Auer, Heidelberg, 7. Auflage 2015

WELLHÖFER, Peter R.: Gruppendynamik und soziales Lernen. UVK/Lucius, München, 4. Auflage 2012